儿童
口才艺术与沟通技巧

杨苏北 ◎ 著

中国商业出版社

图书在版编目（CIP）数据

儿童口才艺术与沟通技巧 / 杨苏北著. -- 北京：中国商业出版社, 2019.10
ISBN 978-7-5208-0908-5

Ⅰ. ①儿… Ⅱ. ①杨… Ⅲ. ①心理交往－语言艺术－儿童读物 Ⅳ. ①C912.13-49

中国版本图书馆 CIP 数据核字(2019)第 208144 号

责任编辑：刘万庆

中国商业出版社出版发行
010-63180647　www.c-cbook.com
（100053　北京广安门内报国寺 1 号）
新华书店经销
三河市长城印刷有限公司印刷

＊

710 毫米×1000 毫米　16 开　14.5 印张　195 千字
2019 年 11 月第 1 版　2019 年 11 月第 1 次印刷
定价：48.00 元

＊＊＊＊

（如有印装质量问题可更换）

人是群居动物，每个人都是社会群体中的一员，为此，人的性质很特别，具有双重性和矛盾性。人的第一个身份是孤独的旅行者，第二个身份则是需要与同类抱团取暖的生命个体。当这种矛盾性在人身上得以综合呈现时，人常常会感到困惑。然而无论如何，人与人之间的沟通都是不可缺少的。

新生儿从呱呱坠地开始，就在父母无微不至的照顾与关爱下成长，为此他们变得具有很强的依赖性，他们甚至认为自己就是宇宙的中心，整个宇宙都是围绕自己转的。当然，这完全是个错觉。随着孩子一天天的成长，终有一日他们会离开父母的保护和照顾，要独自去面对社会，承担起生活的责任，他们就不可避免地要融入到人群之中，并需要和形形色色的人打交道。

孩子从六岁进入小学一年级开始，面临的最大挑战不是学习知识的增加和学习方式的改变，而是他们再也没有老师和父母无微不至的照顾，同时还要学会独立和如何与同学相处。对于孩子而言，这当然是一个难关。如今有很多教育家都提出幼儿园升小学对于孩子是至关重要的人生时刻，远比升高中、考大学更重要，这个说法是有道理的。那么，如何引导孩子学会与人相处，如何教会孩子与人沟通，就成为明智父母的当务之急。

生活中，有些父母觉得现在孩子还小，不需要考虑太多的人情世故，不

得不说，父母这样的观念是错误的，因为孩子正常的人际交往不是人情世故，而是他们成长过程中必须要具备的一种能力，也是他们成长的必然经历和阶段。而人际交往主要是以沟通方式进行的，如果孩子不会沟通，不擅长沟通，必然会陷入社交的困境。为此，父母就要有意识地提升孩子的语言表达能力，也要给孩子做好榜样，给予孩子更好的语言示范，这样才能潜移默化地提升孩子的语言表达能力，也能使其在人际交往中有更好的表现。

语言，是思想的外衣，是心灵交融的桥梁，也是孩子成长过程中了解他人、表达自己的方式之一。因此，培养孩子良好的语言表达能力，就显得尤为重要。此外，父母还要引导孩子学会倾听，不要误以为口若悬河就是善于沟通，只有学会认真倾听，才能更多地了解他人，也才能以尊重和认可的态度打开他人的心扉，让沟通变得更加顺利，做到事半功倍。

无论是父母还是孩子，都不要觉得沟通是无所谓的事情。因为在现实生活中，一切的社交活动都需要以沟通作为媒介。当然，沟通的方法有很多，其中最重要的就是要用心，要有一颗真诚的心。

一个孩子可以不用口若悬河，但是要做到能够准确地表达自己的内心，也要能借助语言和其他媒介等了解他人，呈现自己，与他人之间有更多的共鸣。这个世界的温度来自很多地方，其中一个重要的来源就是语言的温度。"我口说我心"，这是一种多么美好的、值得憧憬的人生境界啊！

第一章 口才仪态篇：良好的言行举止，助力孩子成长

拥有良好的行为举止 / 3

礼貌对待老师和同学 / 6

不诳语，不妄语 / 8

公共场合不大声喧哗 / 10

与异性友好相处 / 13

第二章 自我挑战篇：挣脱害羞的囚牢，尽情展示自己

战胜内心的恐惧 / 17

成为有自信的孩子 / 20

说错了话怎么办 / 22

不要让害羞成为与人沟通的障碍 / 24

坚持练习，战胜挫折 / 26

第三章 自我提升篇：真正的高明是无形之招，是没有技巧的技巧

有所准备，一鸣惊人 / 31

说些实实在在的话 / 34

  故事是很好的载体 / 37

  你的语言可以如同画卷般展开 / 39

  把演讲原则和技巧用于日常交流 / 42

第四章 知识储备篇：积累语言表达素材，提升语言表达能力

  热爱阅读，勤于写作 / 47

  善于联想，让语言滔滔不绝 / 49

  把更多的演讲要点进行有效关联 / 52

  突然忘词，如何救场 / 54

  提升观察力，随机应变 / 56

  让孩子亲身去经历更多的事情 / 58

第五章 赞美篇：赞美是世界上最美妙动听的语言

  赞美别人不为人注意的细节 / 63

  赞美要真诚，不要虚伪 / 65

  赞美要少而精，不要泛滥 / 67

  假借他人之口进行赞美 / 70

  赞美要因人而异 / 73

第六章 求人办事篇：求人办事要动之以情，晓之以理

  放低姿态，赢得他人同情 / 79

  赞美他人，给他人戴高帽 / 82

  即使被拒绝，也要真诚感谢 / 85

  认可他人，让他人无法拒绝 / 88

  求人，却不要使人为难 / 90

第七章 自信社交篇：把话说好，友谊才能水到渠成

  勇敢搭讪，迈出交往的第一步 / 95

  首因效应，说好第一句话至关重要 / 97

战胜自己，才能妙语连珠 / 100

真诚的你，才能得到真诚对待 / 103

给自己打气，让自己勇敢无畏 / 105

第八章 顺畅沟通篇：搭建心与心的桥梁，让心与心友好交融

倾听，是沟通的基础 / 109

说得好不如说得巧 / 111

一见如故使得陌生人也能相谈甚欢 / 113

是"我们"，不是"我" / 116

委婉曲折，给他人留面子 / 119

第九章 说服他人篇：让别人听你的，可没有那么容易

准确表达，避免误会 / 125

以肢体语言诱导对方 / 127

以退为进，让说服成功于无形 / 129

以权威的话增强说服力 / 132

以提问掌握主动权，让对方习惯说"是" / 134

第十章 批评与拒绝的艺术篇：批评不尖酸，拒绝不生硬

贬低自己，抬高他人 / 139

拒绝也要尊重他人 / 142

表明心有余而力不足 / 145

面对错误，学会给他人留面子 / 147

给他人台阶下，让他们收回请求 / 150

第十一章 巧言善辩篇：辩论不是争论，要讲究技巧与方法

辩论与口才 / 155

辩论的心理战术与技巧 / 158

先发制人 / 161

　　设置圈套 / 164

　　欲擒故纵 / 167

第十二章　当众演讲篇：你一定可以让自己的青春变成脱口秀场

　　把握演讲的细节艺术 / 173

　　演讲要能够打动人心 / 176

　　面对故意刁难者，要保持理性，巧妙回击 / 178

　　让幽默为演讲增加魅力 / 180

　　画龙点睛，推动演讲进入高潮 / 183

第十三章　激情朗诵篇：激情朗诵，让语言提升你的魅力

　　未雨绸缪，才能手到擒来 / 189

　　熟读且深入了解要朗诵的作品 / 192

　　巧妙运用表情和肢体动作增加渲染力 / 196

　　区分轻重读音和巧妙停顿 / 199

　　丰富的想象力让朗诵激情澎湃 / 201

第十四章　灵活问答篇：有问有答，沟通也需要礼尚往来

　　提问之前，先设计好问题 / 205

　　提问题，要讲究时机 / 208

　　讲究提问的方式：开放式提问、疑问、封闭式提问 / 210

　　不耻下问，才能虚心进取 / 213

　　设问巧妙，让沟通更精彩 / 216

　　对于无法回答的问题，要学会反问 / 218

后　记 / 221

口才仪态篇：
良好的言行举止，助力孩子成长

良好的形象，能够帮助孩子更好地展现自己，也可以助力孩子给他人留下一个好印象。然而，孩子的好形象并不是与生俱来的，作为父母，要有的放矢提升孩子的行为举止，才能让孩子变得更加强大和完美，也才能真正引导和帮助孩子健康快乐地成长。作为父母，不要觉得教育孩子是一件简单、容易的事情，要从细节方面多多引导和指导孩子，这样孩子才能拥有良好的言行举止，让自己受到大家的欢迎。

拥有良好的行为举止

很多孩子都不知道父母耳提面命的所谓良好的行为举止到底为何物，也不知道自己到底要如何表现才是良好的行为举止。而父母也总是告诫孩子要做到有礼貌，却没有告诉孩子如何做才算是真正的有礼貌。作为父母，在教育孩子要保持良好行为举止的时候，要告诉孩子具体应该怎么做，要给予孩子切实有效的指导，这样才能让孩子的行为举止得到有效的指导。

所谓行为举止，具体指的是孩子的态度和行为。从心理学角度分析，一个真正的强者必然是能够主宰自身的人，具体而言就是能够控制自身的态度，从而让自己的行为非常得体和到位。在拥有良好行为举止的情况下，孩子才能控制好自身的情绪，做出适宜的行为举止，这对于孩子的成长是非常重要的。当然，作为孩子的第一任老师，也是孩子最好的老师，细心的父母会发现，父母无意间的行为举止会对孩子造成极大的影响。为此，作为父母，不要对孩子颐指气使，也不要对孩子声色俱厉。在教育孩子的时候，要给孩子树立积极正向的榜样，这样孩子才会健康茁壮地成长。

上幼儿园之前，爸爸妈妈对豆豆采取"放养"态度，从来不会去规定豆豆哪些事情可以做，哪些事情不该做。而在豆豆上幼儿园之后，爸爸妈妈对豆豆的要求却陡然高起来，这是因为老师向爸爸妈妈反馈说豆豆的行为粗鲁，经

常推搡小朋友，或者对小朋友说脏话。爸爸妈妈于是意识到，如果不尽快改掉豆豆的这些不良习惯，豆豆也许就会变本加厉，最终变成不受欢迎的人。从这以后，爸爸妈妈每当看到豆豆在家里随心所欲地说话、做事情时，总会适时进行教育："豆豆，你这么说话真是太难听了。""豆豆，你这么做真是太粗鲁啦！"开始听到爸爸妈妈这么说，豆豆感到很纳闷，他似乎不理解自己到底哪里做错了。

一天，家里来了客人，是爸爸的同事，还带着和豆豆年纪相仿的小客人。爸爸让豆豆负责接待小客人。一开始，豆豆和小客人玩得还算融洽，后来他们开始争抢一个小飞机，最终甚至还为此打了起来。爸爸当即批评豆豆："豆豆，你真是没礼貌！"豆豆生气地大哭起来，这个时候，同事也批评自家孩子说："小雨，你是客人，豆豆是主人，你不应该和豆豆抢玩具，因为玩具是豆豆的。你如果想玩玩具，一定要经过豆豆的同意。现在你可以问问豆豆'我能玩你的玩具吗？'，如果豆豆同意了你就玩；如果豆豆不同意，你就玩其他的玩具，好吗？"小雨在爸爸的耐心解释下，听明白了爸爸的意思，马上去征求豆豆的意见。不想，豆豆还是不同意。小雨没有因此而哭闹，而是拿起另外一个玩具问豆豆："豆豆，我可以玩这个吗？"在得到豆豆的点头允许之后，小雨才开心地玩起来。在一旁看着的豆豆爸爸看到小雨进步这么大，不由得茅塞顿开，这才意识到自己从未告诉过豆豆到底应该怎么做，所以豆豆才没有明显的进步。于是豆豆爸爸向小雨爸爸求教。小雨爸爸便站在爸爸的角度，劝说豆豆作为小主人有责任招待好小客人。果然，豆豆在小雨爸爸的耐心劝说和引导下，最终答应和小雨一起分享玩具。

孩子的人生经历有限，对自身行为的判断缺乏标准，常常会根据自己的心意去做事情。所以有时候，就算父母批评了孩子，孩子也未必知道如何改正。对此，父母不能只批评，还要告诉孩子具体应该如何去做。唯有如此，他们才能改正缺点，在以后把事情做得更好。

　　毋庸置疑的是，拥有良好的行为举止，孩子会在其他方面有更好的表现，也会更受人欢迎。对于孩子而言，需要注意的行为有很多。例如，上学迟到。此时如何向老师承认错误才会得到老师的谅解？如何与老师做好沟通，才能让双方因为迟到而引起的不快烟消云散？这对于孩子而言都是应该努力做到的。这对于孩子的成长和未来发展无疑能起到积极的促进作用。

礼貌对待老师和同学

孩子从幼儿园到小学，不仅在学习方面需要适应，而且在与人相处方面也需要适应。很多孩子从小就是家里的小太阳、小公主，习惯了家里所有人都围绕着自己转，为此在升入小学之后，常常会在人际相处中面临很大的困难和障碍。为了有效地提升孩子的行为举止，父母首先要引导孩子有礼貌地对待老师和同学，做到与他们友好相处。前文说过，孩子要有良好的行为举止，有礼貌是最基本的要求，也是至关重要的一点。

很多孩子都不理解礼貌的含义，更无法认识到礼貌的重要作用。"礼"指的是有修养，有涵养，"貌"指的则是良好的仪表。为此，孩子们不但要有得体的行为举止，更要有干净整洁的外表。仪容清爽才是对人有礼貌的表现，也是尊重别人的最佳行为举止。然而，社会在发展，礼貌的含义也在不断地进步和补充，很多传统陋习被摒弃。另外，随着国门的打开，国人开始渐渐受西方思潮的影响，把绅士风度、淑女气质等挂在嘴边。当然，我们更需要关注的是中国的礼仪，因为大多数孩子在更多情况下需要和国人打交道，为此要把对国人的礼仪做到最好，才能友好地与身边的人相处。毋庸置疑，一个不懂得礼貌的人根本不可能赢得他人的尊重，也更不可能被他人所喜爱。正如人们常说的，人生中有很多财富，其中懂得礼貌就是最宝贵的财富之一。懂礼貌的孩子既尊重了他人，也赢得了他人的尊重，可谓两全其美。

六年级毕业班进行了重新分班，学习成绩向来不错的乐琪理所当然地进入了成绩非常好的快班——一班。班级里的同学们个个都是佼佼者，为此很多同学都表现出一副骄傲自满的样子。乐琪尽管和谁比都不差，但是她却很谦逊，而且特别懂礼貌。

开学没多久，学校领导专门针对六年级毕业班的孩子们召开全体动员大会。接到通知后，每个毕业班的老师都组织孩子们下楼，去大礼堂开会。毕业班的孩子们在学校的最高楼层——四层。为此，孩子们一起下楼梯就难免会很拥挤。正当大家争先恐后下楼的时候，老师也夹在人流中往楼下走。在楼梯转角的平台上，原本和老师一起走且略微领先于老师的乐琪，主动侧身让老师先走。老师以赏识的目光看着乐琪，对乐琪微微点头，乐琪对老师莞尔一笑，跟在老师身后走下楼梯。因为这件事情，老师对乐琪的印象非常好。重要的是，乐琪对待同学也总是很谦让，很有礼貌。为此，老师几次三番倡导同学们向乐琪学习。

微笑，是一个人最美丽的妆容。尤其是孩子的笑容，总是那么纯真，让人的内心仿佛充满阳光，似乎要被融化似的。为此，人们常说爱笑的孩子运气总不会太差。当然，笑容并非与生俱来。要拥有一个满脸笑容的孩子，父母在养育孩子的过程中，要经常对着孩子微笑，给孩子营造和谐愉悦的家庭氛围，要培养孩子积极乐观的心态，这样孩子在面对人生中的不如意时，才能始终保持微笑，既给自己也给他人带来好心情。

懂礼貌的孩子还有一个特点，那就是会主动去关注他人的需要。他们不会总是关注自己，也不会单纯以自我为中心，而是会更加尊重他人，会主动去关注他人的需求，能有的放矢地满足他人的需求，能照顾到他人的情绪和感受。他们尤其懂得尊重他人，绝不会肆无忌惮地去伤害他人的。所谓赠人玫瑰，手有余香。孩子们礼貌对待他人，也是给自己赢得尊重，这样才能在与人相处的过程中给人留下好印象，从而收获好人缘，处处受人欢迎。

不诳语,不妄语

孩子在三四岁的时候,因为分不清想象和现实之间的区别,所以常常误以为想象就是现实,因此会做出无意识的撒谎行为。实际上,这并非真正的撒谎行为,只是因为孩子们误解了想象。随着不断成长,孩子们的心智发展水平越来越高,渐渐地就能把想象和现实区分开来,为此他们变得更加独立,也知道外部世界与自己并不是一体的。等到智力发展到一定程度,真正意义上的撒谎行为才会出现,那就是孩子们出于某种目的而撒谎,有意识地去欺骗他人。他们做出这种行为或者是为了保护自己,或者是为了免于被责骂,或者是为了得到某种利益。其实,孩子还有一种行为表现与撒谎类似,却与撒谎不同,那就是说诳语、妄语。所谓诳语、妄语,就是孩子说话的内容脱离了实际,过度夸张,导致无法得到他人的信任,也无法对自己的言语负责。

看到这里,相信有很多人都会想起"狼来了"的故事。从严格意义上而言,"狼来了"就是说诳语、妄语,最终的结果就是失去他人对自己的信任。可想而知,在人际相处中,一旦失去他人的信任,彼此之间的交往就会陷入困境,感情发展也会变得特别艰难。所以孩子们一定要实事求是地说话,而不要张口就说,从不对自己的言语负责任。

在班级里,小丁是个不折不扣的瞎话大王。对于小丁所说的话,班级里不管是老师还是同学,很少有人选择相信。为什么会这样呢?原来,小丁说瞎话从来都是张嘴就来,其他人根本无法分辨他到底哪句话是真的,哪句话是假的。渐渐地,每当小丁说话的时候,大家就自然地选择不相信他的话。

最近这段时间,小丁看起来有些落寞。好朋友问小丁怎么了,小丁漫不经心地说:"我爸妈要离婚了!"好朋友马上回答说:"你可别再瞎话连篇了,我怎么也不会上当受骗!你爸妈要是真的离婚了,你现在早就哭起来了,还能像现在这样和没事人一样吗?你要是说你的压岁钱被没收了,我还能勉强相信。"小丁看着好朋友,一本正经地说:"真的不骗你,我和妈妈住在一起,要去姥姥家那边生活,很快就要转学了!"尽管小丁表情严肃,好朋友还是没把小丁的话放在心上。直到他亲眼看到小丁妈妈来给小丁办理转学手续,这才感到很不舍,说:"小丁,你真的要走了吗?"小丁点点头,说:"我说的事情是真的,你也看到我妈妈来给我办理转学手续了。"好朋友听后,劝说小丁:"等你走了,我会想你的。去了新学校后,不要再满嘴跑火车了,要说真话,大家都会相信你,好不好?"小丁含着眼泪点点头。

孩子如果总是喜欢说瞎话,就会失去他人的信任,哪怕后来说真话,也没人相信他了。毫无疑问,这是一种非常痛苦的状态,也是非常糟糕的状态。作为父母,要引导孩子从小说真话,告诉孩子说话要符合实际,避免过度夸张。

人生在世,唯有信任不可辜负。因为一个人一旦失去了他人的信任,就无法在社会上立足,也会导致自己陷入各种被动的局面。作为孩子,只有从小养成说真话的好习惯,才能让自己赢得他人的信任,收获好人缘,也才能快速地成长。

公共场合不大声喧哗

如果你独自待在家里,那么你当然可以想怎么做就怎么做,没有人会有意见。但是,如果你是在公开场合,或者是在公共场所,那么你就要管理好自己的言行举止,不要给他人带来困扰和不愉快。作为孩子,一定要注意自己在公共场合的言行举止,而不要把任何地方都当成是自己的家,不知道应该约束自己的言行举止。

看一个人是否有素质和好的教养,就体现在他在公共场合的行为举止上。在公共场合,孩子们一定要戒掉喧嚣吵闹的坏习惯。很多父母本身就没有在公共场合里不要大声喧哗的意识,为此常常会给孩子树立糟糕的榜样,对孩子起到负面的影响和作用。父母是孩子的第一任老师,也是孩子最好的老师,明智的父母会给孩子积极、正向的影响力,让孩子在成长过程中增强自控力,学会更好地控制自己的行为举止,从而有优秀的表现。其实,父母是孩子的老师,孩子也是父母的镜子。当发现孩子出现问题的时候,父母第一时间要做的不是指责孩子,而应该是反思自己是否给了孩子正确的引导和高效的帮助。也许有些父母会感到困惑:提升孩子的沟通能力,与孩子的各种表现之间有必然的联系吗?当然有。孩子只有表现优异,才能在各个方面有更好的成长和进步,也才能真正收获好人缘。尤其是在公共场合里与他人相处时,更是要注意自身的涵养和素质,这样才能为良好的沟通打下基础。

从小嘉宝就是个大嗓门,而且被爸爸妈妈惯得没个样子,稍有不如意就会大喊大叫。有一次,爸爸妈妈和嘉宝一起去参加一个朋友的婚礼。这个朋友很西派,婚礼是在公园里举行的,婚宴也是自助餐。和日常参加的中式婚礼的热闹相比,西式婚礼明显多了几分安静肃穆和神圣的意味。婚礼进行完之后,宾客们都从露天的婚礼区域移步到婚宴的自助餐厅。因为人很多,所以原本装得满满当当的餐盒马上就要被取光了,嘉宝眼看着自己爱吃的冰激凌没有了,忍不住号啕大哭。

安静的餐厅里,大家马上把视线都转移到了嘉宝身上。爸爸妈妈觉得尴尬极了,告诉嘉宝很快还会有冰激凌拿过来,但是嘉宝却不依不饶。这个时候,旁边有个小妹妹对嘉宝说:"哥哥,不要大声喧哗,这是不对的。"嘉宝被小妹妹批评,哭得更伤心了。爸爸妈妈只好带着嘉宝离开自助餐厅,让嘉宝到室外恢复平静。因为嘉宝的任性哭闹,爸爸觉得很丢脸,妈妈也觉得没面子,忍不住都训斥嘉宝。这个时候,嘉宝突然说:"你们的声音也不小啊,还说我呢!"在嘉宝的反驳下,妈妈居然无言以对,赶紧压低声音,并且提醒爸爸不要歇斯底里地训斥嘉宝。

父母是孩子的榜样,每一个父母都要做孩子的好榜样,而不是带给孩子错误和消极的影响。在拉丁文中,"尊重"这个词语原本的意思是环顾周围,体谅和照顾到他人。由此可见,真正的礼貌和涵养是能为他人着想,是能够控制好自己的情绪,而不要给他人带来负面的影响和作用。每个人要想得到他人的尊重,首先要尊重他人,这样才能如愿以偿地被尊重。同样的道理,一个人要想得到他人的尊重,还要尊重自己。倘若一个人没有了自尊,是无论如何都不可能做到与他人平等相处、互相尊重和彼此爱护的。作为父母,要从小就灌输给孩子这样的思想,孩子才能在成长过程中更加尊重自己,尊重他人,也才

能在人际交往中奠定良好的沟通基础。

在公共场合，孩子们一定要学会轻声细语地说话。很多人都有与西方国家的朋友打交道的经历，知道在西餐厅里很少出现像在中餐厅那样喧腾的场面。当然，这并不是说中国人爱热闹不好，而是告诉孩子们要区分时间和场合，要在该安静的时候保持安静，在该热闹的时候纵情欢乐，唯有如此，才会有更加得体和从容的表现。

与异性友好相处

在两小无猜的年纪里，孩子们和异性相处并没有什么特别之处，是因为在他们眼中不管是同性还是异性都是一样的。然而，随着孩子们逐渐长大，他们与异性之间的不同越来越多，越来越明显，这时他们也开始真正意识到男女有别。为此，异性相处对于他们而言就会成为一个难关，也是一个挑战。

当然，彼此熟悉的异性相处起来还是些在针对一些问题或者某些事情进行沟通的时候可以做到有的放矢。相比之下，与陌生的异性相处则显得更加困难，作为父母，不要对于孩子与异性的相处大惊小怪，反而要帮孩子出谋划策，引导孩子如何正确地与异性展开交往。毕竟孩子不可能永远在父母的保护下成长。

最近，刚刚升入初一的佳琪喜欢上一个男孩，而且非常崇拜他。妈妈很开明，没有禁止佳琪与异性相处，反而引导佳琪："初中三年是人生中至关重要的三年。如果你们可以一起努力学习，争取都考上重点高中，再考上理想的大学，那么你们的感情将来一定会开花结果，也一定会有所收获。不过，前提是要好好相处，相互鼓励和鼓劲，否则初中三年一旦落后，将来可是很难追赶上来的。"佳琪听到妈妈的话，忍不住嗔怪妈妈："哎呀妈妈，我只是单相思，还不知道人家心里怎么想呢，我们连朋友都算不上！"妈妈说："那就从朋友开

始做起吧。你有什么好的方法与他成为朋友吗?"佳琪摇摇头。

妈妈对佳琪说:"其实,当朋友也需要先伸出橄榄枝。你可以邀请对方看一场电影,或者可以请教对方擅长的某一门学科。你们如果能够取长补短,那可就更好了。虽然校园里的爱情未必会有结果,但是一旦修成正果,肯定会很幸福的。当然,前提是以学习为主,相互促进。"在妈妈的鼓励下,佳琪主动向对方请教数学方面的题目,而且主动指点对方如何写出一篇精彩的作文。后来,老师还建议同学们都向佳琪学习,找到与自己学科互补的同学,组成互助小组呢。

想要亲近一个人其实有很多种方式,当然前提是要通过正确的途径,进而争取与对方成为好朋友,达到相互帮助和鼓励的目的。很多孩子看到异性都很害羞,其实只要能够坚持以正确的方式与异性交往,也可以彼此激励、相互帮助,成为学习上的好帮手。当然,既然要先伸出橄榄枝,就很有可能会被对方拒绝。在这种情况下不要气馁,而是要越挫越勇。当然,人与人之间也是讲究缘分的,如果不管自己多么努力都无法靠近对方,则要审时度势,学会放弃。

与异性之间的相处,只要是在正常的友谊范围内,就不需要事无巨细地向父母汇报。作为青春期的孩子,已经有自己的主见,也有自己的判断力,为此要更加相信自己,也要有自控力。当然,如果父母想要了解孩子与异性朋友之间的相处状态,就要讲究方式方法,而不要像审问犯人一样去审问孩子,这样会使孩子觉得自己不被尊重,会因此产生叛逆心理。总而言之,人与人之间的相处未必是一帆风顺的。作为孩子,在与异性相处的时候,要懂得尊重对方,也要积极地向对方伸出橄榄枝。哪怕被拒绝了也没有关系,要知道人际交往原本就有很多的不确定因素,只有坦然面对,才能从容应对。

自我挑战篇：
挣脱害羞的囚牢，尽情展示自己

很多孩子在当众讲话的时候，内心往往都是非常恐惧的，具体表现就是不同程度的害羞。为了做到不卑不亢、落落大方，孩子们首先要做好的就是挣脱害羞的囚牢，尽情地发挥自己的才华，以良好的口才表达自己的内心，彰显自己的与众不同。唯有如此，他们才能不断挑战自我，让自己健康地成长，最终成为真正的社交达人。

战胜内心的恐惧

曾经有位心理学家说过,恐惧是上古情绪,已深深印在人类的记忆中,挥之不去,更无法消除。事实证明,恐惧的确是人的本能,每个人都会有恐惧的情绪出现,但是,这并不意味着恐惧是不可战胜的。当我们采取适宜的方式对待恐惧,就能够减少恐惧,甚至把恐惧转化为积极的力量,这才是我们克服恐惧的最终目的。

很多孩子在与他人沟通的时候都会感到恐惧,他们或者会因此而噤声,或者会因此而迷失自我,只有极少数孩子能够战胜恐惧,让自己勇敢地发言。实际上,这是正常现象,尤其是对于孩子而言,恐惧心理的产生更是理所当然。有心理学家提出,过度的恐惧会对孩子产生负面作用,而适度的恐惧则对孩子有积极的激励作用。这是因为人天生就具备挑战外部环境的能力,为此适度的恐惧使人呼吸急促,脉搏加快,身体就会因此而保持警醒的状态,从而激发出潜能,让自己表现得更加出色。而且,适度紧张还会督促孩子及早做好准备,为此有些孩子在演讲的过程中反而会妙语连珠。

很多职业演讲家在每一次登台之前都会感到紧张和恐惧,更何况是孩子呢?不过大多数职业演讲家也发现,当能够保持匀速的呼吸,勇敢地说出开场白,接下来发生的一切就会变得很顺利。孩子要想顺畅地当着他人的面表达自己的内心,当然也要经历这样的过程。唯有如此,孩子才会更加有的放矢地成

长，也才会全力以赴地奔向成功。

需要注意的是，很多孩子之所以害怕当众演讲，是因为他们还没有养成这样的习惯。孩子的人生经验匮乏，对于人生中那些未知的事物，他们往往不知道要如何去面对，为此他们总是会感到内心焦虑、紧张。父母要给孩子了解和亲身感受当众演讲的机会，这样孩子才能因为经历过而不再畏惧。除此之外，父母还要引导孩子抓住更多的机会努力练习。所谓熟能生巧，当孩子对于当众演讲丝毫不再畏惧和胆怯，更不再恐惧而是轻车熟路时，那么他们不但能把当众演讲说得很好，也能让自己的表达能力得到飞速提升。当孩子渐渐爱上当众演讲的感觉，父母就算不让他们当众演讲，他们也会自己找机会当众演讲。

大名鼎鼎的演讲家艾伯特曾经是一个很害怕当众说话的孩子。早在中学时期，他被要求进行为时五分钟的演讲，他没有办法推辞这个任务，只好硬着头皮接受。随着演讲的日子越来越近，每当想起自己要当众演讲，他就感到面红耳赤，无法面对。最终，这次演讲以逃避而宣告结束，堪称还没有开始就已经结束的演讲。原本，他以为自己长大之后害羞和恐惧就会减轻。在大学时期，他又一次进行演讲，结果才说了半句话就因为头脑中一片空白，导致无论如何也想不起来接下来要说些什么。就这样，艾伯特在同学们的哄笑声中离开了讲台，甚至因此而卧病在床好几天。从此之后，艾伯特再也不敢奢望自己能够当众演讲了。

然而，在离开大学一年后，一切都发生了改变。艾伯特为了实现自己的理想，不得不向公众阐明自己的观念，也纠正公众的错误思想，为此只能硬着头皮向公众发表演讲。在演讲之前，他想起大学里那次只有半句话的演讲，感觉鲜血直往头部涌去，他很害怕，内心再次升腾起强烈的恐惧。但是他告诉自己："只要坚持讲下去，只要几分钟之后一切就都会好转。"为了实现理想，他坚持讲了下去，经历了最难熬的时刻后，他最终演讲了一个多小时，而自己竟浑然不知道时间居然过得那么快。从此之后,艾伯特演讲的机会越来越多,最终他成为一个伟大的演讲家。

艾伯特之所以能够从一个特别害怕演讲的人,变成大名鼎鼎的演讲家,是因为他为了理想战胜了内心的恐惧,熬过了演讲开始最那难熬的几分钟。正是因为有了第一次成功的经验,他才变得越来越自信。大多数孩子也都是如此,他们之所以害怕当众说话,是因为他们还不曾有过成功演讲的经验,作为父母,一定要给孩子更多当众说话的机会,并告诉孩子恐惧的产生是理所当然的。

很多孩子在极度紧张的情况下,头脑中会一片空白,内心深处也会感到非常绝望。这些都是最初当众讲话时会出现的常见现象。要相信,只要功夫深,铁杵磨成针。因此,孩子们只要更加积极地练习当众讲话,这样的话极度恐惧感就会渐渐减轻。适度的恐惧如果能成为当众演讲孩子成长的助力,那么他们在这方面就会有更好的表现。

成为有自信的孩子

很多孩子都以为自己害怕当众讲话是不正常的,实际上,这完全是正常现象。因为不是只有普通人才害怕当众讲话,就算是很多大名鼎鼎的领袖人物在最初当众讲话的时候也会经历恐惧、不安和紧张。例如英国前首相丘吉尔,不但他在世界历史上也是响当当的、首屈一指的人物,而且他还是伟大的演讲家。但是谁能想象到,丘吉尔曾经演讲到一半就不得不结束,无法进行下去;他还曾经因为演讲而变得战战兢兢,说起话来语无伦次。后来,他坚持练习,才渐渐地习惯当众讲话,最终找到了自信。

对于那些胆小害羞的孩子而言,练习当众讲话当然是他们提升自信心的好方式。作为父母,要从小就带着孩子见识更多的人,见识更大的场面,也要帮助孩子把握机会练习当众讲话,或者给孩子创造当众讲话的机会。对于孩子而言,这一切也许一开始会很难,但是只要能够做到循序渐进,他们就会有更好的表现。为此,父母要以足够的耐心来引导孩子,而不要急功近利,更不要打击孩子的自信心。对于孩子而言,自信是他们成长的必备条件和营养元素。有了自信的孩子,就像拥有了翅膀一样,做任何事情都可以做到最好,做到最出色。

丹丹是一个很害羞的女孩,虽然已经读初中一年级了,但是从来不敢当众讲话。在课堂上,她更是不敢主动回答问题。有时候,老师点名让她回答问题，她站起来却支支吾吾，半天说不出个所以然来。看到丹丹这样的情况，妈妈很着急，老师也认为这对丹丹将来的成长很不好。如何才能提升丹丹的信心，让丹丹主动发言呢？妈妈绞尽脑汁想了很多办法，但都没有收到太好的效果。一个偶然的机会，有一位演讲培训师告诉丹丹妈妈"要给孩子当众发言创造机会，孩子的信心就会越来越强"。丹丹妈妈在这位老师的提醒下，决定要多创造机会让丹丹当众讲话，提振丹丹的信心。

后来，每当人多的场合，只要机会允许，妈妈就会鼓励丹丹上台发言。一开始，丹丹在家里当着全家人的面发言都很害羞，但随着锻炼的次数越来越多，丹丹的表现越来越好，从抵触当众发言，到后来可以把话说得越来越熟练，语言组织得越来越有条理，她的进步真的很大。与此同时，丹丹在课堂上的表现也越来越好，常常能主动回答问题，学习成绩自然就水涨船高。

孩子有了信心，各方面都会得以快速发展和成长。作为父母，切勿觉得孩子缺乏自信心是件小事情，而应该更加积极主动地培养孩子的自信心。对于孩子而言，迈出当众讲话的第一步会很难，这个时候他们更需要父母的鼓励和支持。父母不要对孩子颐指气使，也不要抱怨孩子不懂得努力进取，而是要积极地鼓励孩子，提升孩子的自信心。除此之外，父母还要给孩子寻找和创造当众讲话的机会，这样一来，孩子的进步就会更大。

有了强大的自信心，孩子们就能战胜恐惧，就能让自己勇敢地迈出脚步去展开行动。伟大的成功学大师卡耐基也是举世闻名的演讲家，但是他并非生来就懂得如何演讲，也是通过一步步增强自己的自信心，逐步突破和超越自我，最终做出伟大成就的。古人云，千里之行始于足下。从现在开始，父母就要有的放矢地提升孩子的自信心，让孩子渐渐地学会当众演讲，而作为孩子，也要有意识地提升自己的表达能力，做到可以当众不卑不亢、落落大方地发言。

说错了话怎么办

说话这个行为很简单,上下嘴唇一碰,就可以说出话来,但是想要把话说好却并非一件容易做到的事情。正是因为说话简单,所以很多人思维的速度跟不上表达的速度,为此常常会因为说话太快而说错话。尤其是孩子,思维发展的速度虽然很快,但是心智发育还不够成熟,语言能力的发展也还不充分。为此,孩子们一开始会出现语言表达速度跟不上思维速度的情况,导致说话结巴。随着语言能力的发展,细心的父母会发现孩子又会出现语言发展速度快而思维跟不上的情况,为此,很多时候他们还没有想清楚呢,就口不择言地把话说了出来,结果就会犯抢着说话或者随意打断父母说话的错误。

俗话说,祸从口出。一旦说错了话,孩子们就会惊慌失措,也会因此而变得非常苦恼和无奈。有些胆小的孩子还会因此而否定自己,变得不敢说话。实际上,说错话是正常现象,别说孩子,就算是经过深思熟虑的成年人也会因为各种情况而导致口不择言,为此孩子说错话的情形也是在所难免。对于机灵的孩子,在发现自己说错话之后也许可以马上圆回来,而对于那些思维反应速度慢的孩子,则无法马上自圆其说。在这种情况下,与其否认和逃避错误,不如坦然面对,积极改正错误,这样一来,表现出谦逊的态度,反而可以得到他人的谅解。

春节到了,妈妈早早地就告诉子琪要说些好听的话,不要大过年的触霉头。

一开始几天，子琪表现得都很好，也没有和哥哥子玉吵架。然而，坚持到大年初二，因为子玉抢了子琪的红包，子琪喊道："臭子玉，你不是我哥哥，你是大坏蛋，我希望爸爸妈妈没有生你才好呢！你可不要出门，出门就会被坏人拐走，再也找不到家！"听到子琪这样说话，妈妈的脸都绿了，顿时怒火中烧。子琪意识到自己说错话了，赶紧跟妈妈道歉："妈妈，对不起，我错了，我不该这么说。"看到子琪真心诚意地道歉，妈妈也不好发火，只好偃旗息鼓，尽量平静地对子琪说："以后再也不许这么说了。你看看其他孩子没有兄弟姐妹多么孤单，哥哥虽然会逗你，但对你也特别好，对不对？"子琪点点头。

在这个事例中，子琪之所以能够第一时间平息妈妈的怒火，是因为她在意识到自己的错误之后能马上向妈妈承认错误，也向妈妈真诚道歉。看到子琪诚恳的态度，妈妈就算心中很不痛快，也无法与子琪计较，只能选择原谅子琪。很多孩子因为一时冲动或者愤怒，都有可能说错话。但说错了话没关系，最重要的是要积极认错，这样才能得到他人的谅解，也才能主动反思自己的错误，从而有更好的表现。

有些孩子总是逃避错误，不愿意承认自己说错话，这样只会让事态变得更糟，也会使得被错误语言伤害的一方耿耿于怀，无法释然。当然，父母要给孩子做好榜样。在日常教养孩子的过程中，如果父母对孩子说错话，一定不要觉得自己是父母就无须向孩子道歉，而是要本着尊重和平等的原则，在给予孩子更多理解的同时，也要及时地向孩子道歉。这样一来，孩子就会从心里认可父母的做法，也会从父母身上得到积极的反馈，懂得知错能改善莫大焉的道理。

不要让害羞成为与人沟通的障碍

人人都有自己与这个世界相处的方式，包括对身边的人和事，也包括面对自己，他们都会找到一种最适合自己的方式，以让各种关系持续推进。然而，对于孩子而言，成长的过程并不是一帆风顺的。很多时候，孩子因为智力发育不成熟，也因为缺乏人生经验，为此常常感到害羞，容易把自己限制和禁锢起来。

很多父母对于孩子害羞的表现不以为意，却不知，害羞会对孩子的成长产生严重的后果。适度的害羞只会让孩子束手束脚，而过度的害羞则会让孩子成为"套中人"，使孩子不愿意与身边的人相处，在做很多事情的时候会把自己囚禁起来，与外界失去交流的机会。对于过度害羞的孩子而言，羞涩就像是一个沉重的壳，把他们与外界隔离开来，让他们沉浸在自己的世界里。没有交流，何来成长呢？一个从来不与人交流，也不与外界相处的孩子，注定成长和进步都会很慢。明智的父母在看到孩子的害羞超出正常限度之后，会给予孩子更好的帮助，引导孩子突破害羞的"硬壳"，勇敢地走出来，成就自己。

春节，爸爸妈妈带着小叶一起参加同学聚会。时间过得飞快，转眼之间已经二十年了。大学同学十年聚会时，爸爸妈妈都在国外求学，没有赶回来参加，而如今小叶都已经十二岁，他们回到国内定居也已经五年了。为此，他们决定一家三口赴宴，和同学们好好聚一聚。

负责组织的同学特意给孩子们也订了一个大圆桌，十几个孩子欢聚一堂，其中最沉默的居然是在国外长大的小叶。有个十八岁的大哥哥组织大家进行自我介绍，但是小叶始终在拖。直到其他孩子都已经进行完自我介绍，小叶还是不想站起来让自己暴露在大家的视线中。大哥哥鼓励小叶："勇敢地介绍你自己，我们就是朋友了！"眼看着那些比自己小的孩子们都奶声奶气地介绍了自己，小叶最终鼓起勇气说："我叫小叶，今年十二岁，开学就要上初一了，很高兴认识大家。"艰难地说了这些话之后，原本和小伙伴们很生疏的小叶，很快就和他们熟悉起来。她尽管还是很沉默，却常常被他们逗得哈哈大笑。最终，小叶和几个年纪相仿的女孩成了好朋友，她们相处得非常愉快。

在这个事例中，小叶很害羞，真正局限她的不是外部的人和事情，而是来自她内心的羞怯感。也许小叶是在国外长大，所以才会感到与小伙伴们很生疏，也许小叶压根不知道自己应该怎么做。但实际上，只要勇敢地迈出第一步，接下来的相处和交流就会变得很轻松。正如一位伟人所说的那样，每个人最大的敌人就是自己。由此可见，一个人只有突破内心的局限，才能收获真正的自由。

很多人都曾经读过契诃夫的短篇小说《套中人》。其实害羞的人何尝不像是小说中那个躲藏在套子里，始终不愿意把自己放出来的主人公呢？父母要多多鼓励孩子去见识更多的人和事情，也要给孩子创造与他人相处和交流的机会，只有这样，孩子才会拥有开放的心态，也才会在成长的过程中有更加积极主动的表现。任何时候，都不要让自己沉默，要勇敢地说出心里话，真诚地袒露内心，积极主动地与他人沟通，只有这样，我们才能持续地成长，才能勇敢无畏地进步。

坚持练习，战胜挫折

正如有首歌里唱的："不经历风雨，怎么见彩虹，没有人能随随便便成功。"任何人想要有所收获，想要获得成功，就一定要坚持不懈，持之以恒，不管遇到什么困难都不要轻易放弃，这样才能在努力拼搏之后有所收获，也才能真正获得进步。尤其是孩子，有太多的新鲜事物需要学习，而学习这件事从来不是一蹴而就的，而是会遇到很多困难和坎坷，更不是一马平川，有时候可能需要迂回曲折前进，更有时候，甚至还需要以退为进。

孩子们在学习新鲜事物之后，有一段时间会进步得很快，但是在达到一定水平之后，进步就会变得很慢，这是因为他们进入了瓶颈期。所谓"瓶颈期"，就是学习中的"高原地带"，虽然达到了一定的高度，但是却停滞不前，不会再有更大的进步。在这样的特殊时期，孩子们很容易对学习感到懈怠，这时父母一定要多多支持和鼓励孩子，让孩子振奋精神，坚持练习，这样一来孩子们就能战胜挫折，继续无所畏惧地前进。一旦突破了瓶颈期，孩子们就会取得突飞猛进的进步。当然，学习当众说话，提升演讲能力，也是同样的道理。很多人对于说话这件事不以为意，觉得不就是说话吗？谁都会说。其实不然。话虽然人人都会说，但是要把话说好却是一门技巧，也是一门学问。因此，当孩子在提升语言表达能力的过程中遭遇瓶颈时，父母就要鼓励孩子勤于练习，最终取得进步。

很多孩子都会有这样的感触，那就是虽然练习了很多次，但是在面对听众的时候，还是会觉得，头脑一片空白，精神上则更是像有一根弦绷得要断开一样。其实，有这样的反应很正常，即便是那些经常举办演唱会的大歌星们，在演唱会开始的时候也会有这样的感受，他们中不乏会有人紧张得忘词。这些都是人的正常生理和精神反应，一旦进入状态，类似的恐惧、紧张和焦虑就都会消失。所以孩子们不要为这些正常的反应而烦恼、恐惧，而应该继续以坚韧不拔的精神熬过瓶颈期，让自己进入更好的境界。尤其是在演讲时，在还不能轻松地驾驭情绪的时候，可以用平实的语言作为开始，这样一来就可以集中所有的精神和意志力，让自己能全力以赴去表达好开始的几句话，之后就会从容地表达，而且思路也会因为放松而变得更加清晰。

美国前总统林肯在真正成为总统之前，饱尝命运的艰辛。他参加竞选若干次，绝大多数都以失败而告终，但是这一切都没有动摇他必胜的信心。有一段时间，林肯从事律师的工作，面对年轻后辈"如何才能成为一名伟大律师"的求教，林肯告诉对方："当你下定决心排除万难要成为一名律师，你就已经迈出了成功的第一步……"的确如此，做任何事情都要有坚韧不拔的决心和毅力，否则只能距离成功越来越远。

后来，林肯经商失败，再次走上仕途，又开始了不断参加竞选的人生。为了能在竞选中脱颖而出，他必须提升自己的演讲能力，为此他勤奋苦读，积累了大量知识，也总是抓住各种机会进行演讲练习。即使去小卖铺里买东西，他也会对着那些顾客进行演讲。正是因为这样逼着自己在演讲的道路上不断地进步和前行，林肯才能快速成长，最终在竞选中战胜竞争对手，获得总统的职位，也才能在总统就职演说中有精彩的表现，让听到他演讲的人都记忆犹新。

任何人要想做成一件事情，就一定要有必胜的决心和勇气，还要有坚持

不懈的精神和毅力。孩子在提升当众讲话能力的过程中，必然也会面临各种困难，还会遭受各种挫折。但只要能做到坚持不放弃，终有一日会取得更大的进步。

伟大的科学家爱迪生被誉为电灯之父，是因为他很有决心和毅力，不管失败多少次，都从未放弃过努力。为了找到合适的材料作为灯丝，爱迪生尝试了1000多种不同的材料，进行了7000多次试验，直到找到最为合适的材料为止。试想，如果他在获得成功之前的最后一次失败之后就放弃了，可想而知，整个人类迎来的光明就会延迟一段时间。所以孩子们不要再抱怨，而是要感谢这些挫折和打击，因为这正是让自己成长的好机会。只有真正勇敢的孩子，才能在成长过程中不断崛起，内心更加坚强，也才能真正做好自己。

俗话说，勤能补拙。对于孩子们而言，只有坚持不懈地努力练习，才能持续提升自身的能力，也才能让自己在成长过程中有更好的表现。尤其是在语言表达方面，更是要以勤补拙，只有多多诵读，多多与人沟通，抓住各种与他人进行练习和沟通的机会，才会越来越自信，也才会有更加出色的表现。

自我提升篇：
真正的高明是无形之招，是没有技巧的技巧

一切的技巧如果痕迹太重，就会给人留下糟糕的印象，也会让人感到厌倦。就像武林高手至高无上的招数是无招一样，真正高明的演讲者讲究的也是没有技巧的演讲。当然，这是大智若愚，这是藏巧露拙，而不是真的没有技巧。只有不断地提升技巧，并熟练运用，才能真正提升自身的能力，也才能有的放矢地运用自身的能力，把口才发挥到极致。

有所准备，一鸣惊人

任何时候，都不要打无准备之仗。哪怕是那些大名鼎鼎的演讲家，除非要刻意进行即兴演讲，否则在演讲之前一定会做好充分的准备，这样才是对听众负责的态度，才会做到一鸣惊人。更何况是孩子呢？材料的准备是演讲的第一步，否则演讲的内容就会变得非常空洞，这不但是不尊重听众，而且会使自己在演讲过程中陷入被动的局面。为此，想要让演讲成功，就要进行充分的准备，这样才能厚积薄发，一鸣惊人。

进行充分准备的孩子们才有预备力，在进行演讲的时候才能够抓住听众的注意力，才能最大限度地激发听众的兴趣。有些人的演讲平淡无奇，让人丝毫没有要听下去的欲望。不得不说，这样的演讲真的很失败。那么，要怎样做，才算是一场成功的演讲？众所周知，有些演讲流于表面，常常会给人带来浮夸的感觉，而有些演讲则总是能够打动人心，就是因为这样的演讲说的是实实在在的话，能够真正打动听众，引起共鸣。因此，在给演讲准备材料时，演讲者要注意提炼演讲的要点。在提炼要点的过程中，不要带着敷衍了事的态度，而是要尊重事实，反复推敲，甚至可以向自己提出疑问，这样才能让演讲点更加精确、凝练。

作为一名演讲者，如果所提炼的演讲点连自己都不能说服，那么是不可能说服他人的。为此，孩子们在进行演讲准备的时候，除了要积累材料、提炼

要点,还要积蓄力量,从而成功地打动听众。很多孩子在演讲之初,都会把要演讲的内容提前写下来,有些孩子无法做到脱稿演讲,甚至还会拿着演讲稿去演讲。不得不说,这样的方式更加接近朗读,而与真正的演讲之间有着本质上的区别。真正伟大的演讲家,不会让自己的演讲拘泥于一张纸,而是会收集至少十倍于演讲内容的材料,从而让自己厚积薄发,充满喷薄的力量。可以说,演讲,对于一个人的表达能力不仅是一种升华,还是严峻的考验。

最近,小雅要代表班级参加学校里组织的演讲,题目为《我爱我的祖国》。一直以来,小雅的语文学习成绩都出类拔萃,而且她很擅长声情并茂地表达自己的感情。对于这次演讲,小雅原本是胜券在握的,因为她觉得自己的演讲能力很强。当小雅脱稿之后,一字不差且富于感情地背诵出所有的演讲内容时,她的确得到了热烈的掌声。小雅沾沾自喜地回到班级所在的区域就座,才高兴了没多久,她就发现自己遇到了一个强劲的对手。这个对手就是和小雅同年级的柳州。柳州不是脱稿演讲,也不是照本宣科,而是自由发挥。听得出来,他万变不离其宗,不管说到哪里,都没有脱离演讲的中心思想。柳州演讲的内容,涉及很多方面,这让平日里自诩知识渊博的小雅自叹不如。

毫无悬念地,柳州获得了这次演讲比赛的冠军。输给柳州,小雅心服口服。后来,小雅才知道柳州为了这次演讲准备了整整一个月的时间,积累的材料有几十页之多。而小雅呢,只是在演讲即将开始的前三天才加紧把妈妈为她准备好的演讲稿背诵下来。不得不说,一分耕耘一分收获,小雅深刻地反思自己,觉得自己真的是把演讲理解得太肤浅了。

和小雅相比,柳州真是一鸣惊人。但是,这样的一鸣惊人不是信手拈来的,而是要做足准备才能得到的。因此,想要提升孩子的预备力,想要让孩子的演讲水平更上一层楼,父母要做的不仅是帮助孩子准备演讲稿,而且要告诉

第三章 自我提升篇：
真正的高明是无形之招，是没有技巧的技巧

孩子演讲的意义到底是什么。只有正确理解了演讲的含义，真正把演讲吃透拿准，孩子们才能在演讲过程中不断地进步，也才能在成长的道路上持续进取。

当然，知识的储备不是朝夕之间就能实现的事情，孩子正处于成长的过程中，要积极地学习，勤奋地阅读，这样才能积累更多的知识。此外，孩子的人生经历越来越多，人生经验日益丰富，这也为孩子拥有更多的演讲素材、增强孩子的预备力奠定了基础。总而言之，演讲不是简单的复述，而是要有血有肉、有感情，这样才能带给听众最强烈的心灵震撼。

孩子在走上演讲台的那一刻，如果觉得自己心中发虚，何不昂首挺胸，为自己鼓劲呢？也许你的闲庭信步都是伪装出来的，但是有时候假装出来的一切也会改变人的心情。作为孩子，当我们充满预备力，就能够在表达的时候完美发力，让自己攻无不克，战无不胜！

说些实实在在的话

很多人在演讲时都会犯一个错误,即说出来的话显得很空洞,只是听着好听,却不符合实际。不得不说,这样的话说出来也是徒劳,也许能够敷衍一时,最终却会因为"假大空"而遭到他人的唾弃。作为孩子,要想提升自己语言的力量,一定不要养成说话敷衍了事、不切实际的坏习惯,而是要本着实事求是的原则,说真话,让自己拥有更好的成长机会和表现,也切实提升自己的语言表达能力,让自己变得更加强大。

很多孩子每当有演讲的机会,都恨不得把一切华丽的辞藻都堆砌到一起,却不知道真正的表达要平实,因为平实的语言最有力量。一个人在演讲的过程中,理应表达自己真实的想法和感情,也理应让自己的演讲内容更加富有力量。所谓的准备,不是简单地堆砌材料,更不是生搬硬套那些华丽的辞藻,而是要以平实作为力量来打动他人。虽然,这样的朴实无华看似简单,实际上却很难做到,需要孩子们端正对于演讲的认知和态度,需要采取正确的方式、方法,才能真正地发挥出语言的魅力。

归根结底,为演讲做准备,不是收集材料,不是堆砌辞藻,而是要进行思想上的准备,要把那些深刻的思想贯穿起来,使其形成一个连贯的线条,这样才能如同穿珠贝一样把美妙的点点滴滴都贯穿起来,从而使演讲拥有强大的力量和作用。真正高明的演讲者,把演讲的主题深化于自己的内心,片刻也

第三章 自我提升篇：
真正的高明是无形之招，是没有技巧的技巧

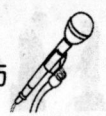

不会忘记，从而让自己变得更加强大，更加无所畏惧，也让自己变得更加丰富和充实。还记得阿基米德吗？当年，国王命令阿基米德验证皇冠的纯度，他日思夜想都无解，结果在洗澡进入浴盆的一瞬间想到测试皇冠体积的方式，由此验证了皇冠是用纯金打造而成的。很多时候，我们只要把深刻的主题内化和提升，就会在不知不觉间保持旺盛的思考力，就会有的放矢地做好自己该做的事情。

当年，林肯参与美国总统竞选，这使得整个参议院的议员都感到非常难堪和尴尬，因为他们一个个都出身名门贵族，只有林肯的父亲是个默默无闻的鞋匠。为此，很多人都对林肯有意见，觉得林肯根本没有资格竞选总统。

轮到林肯上台发表竞选演讲的时候，有个参议员的态度非常傲慢无礼。他站起来对林肯说："林肯先生，请你永远都要记住，你的父亲是个鞋匠！"听到这样的话，林肯丝毫没有感到羞愧，虽然台下的参议员们都发出嘲笑，但是他却从容不迫、不卑不亢地说："是的，先生，即使您不提醒我，我也会永远牢记我的父亲是个鞋匠。其实，他不仅是个鞋匠，还是一个很称职的鞋匠，你们之中有很多人都曾经穿过他亲手做的鞋子。虽然他已经去世了，但是那些鞋子结实美观，你们穿起来应该依然舒适。我相信，就算我真的当选总统，我做总统也会逊色于父亲做鞋匠，因为他真的非常优秀。没关系，不管我是否当选总统，如果你们觉得我父亲做的鞋子不合脚，或者需要修理，都可以随时来找我。"说着，林肯因为思念已经去世的父亲流下了热泪，而参议员们都被林肯朴实的语言所打动，纷纷给予林肯热烈的掌声。

参议员们一开始都在嘲笑林肯，为何后来却给了林肯热烈的掌声呢？究其原因，是林肯说话很平实，而且详细具体。自始至终，他都没有因为自己的父亲是个鞋匠而自卑，更不曾抱怨父亲没有给他高贵的出身。相反，他始终坚

信父亲是一名优秀的鞋匠,而且不管他是否当选总统,他都愿意修理父亲亲手制作的鞋子。这样的准确字眼,这样的认可态度,让人们看到了林肯的胸怀和气度,最终从嘲笑林肯转变为敬佩林肯。

一个真正勇敢的演讲者,很少会使用那些模棱两可的语言,相反,他们会使用那些确凿无疑的语言来表达自己的内心,也借此彰显自己的勇敢和气度。

故事是很好的载体

演讲与说教之间有什么区别呢?两者的目的都是感化听话的人,但是方式却大不相同。"说教"有教的意味,"演讲"则是打动和震撼听话者。有些演讲者以情动人,有些演讲者以理服人,而实际上不管是偏重于情还是偏重于理,最重要的都是要找到适宜的表达方式,如此才能达到最佳的效果。大道理人人都不愿意听,听得多了非但没有效果,还会事与愿违。当一味地震撼人心已经不能起到预期的效果时,不如调整思路,以故事作为载体来达到感动人于无形的目的。

和枯燥乏味的说教相比,故事的情节性更强,而且更加生动。尤其是当孩子演讲的时候,以故事作为载体更容易吸引听众的注意力,也可以增强演讲的趣味性。当然,也要把演讲与讲故事区别开来。虽然人人都喜欢听故事,但是故事的寓意往往比较隐晦,演讲则更加单刀直入,以故事为载体,为人揭示人生的道理和真相。所以,要想让故事发挥出最好的作用和效果,还要把故事与演讲的主旨完美地结合起来,这样才能起到事半功倍的作用。

具体而言,以讲故事的方式进行演讲,要注意哪些事项呢?第一点,故事内容要生动具体,要人性化。既然要借助故事进行演讲,就是不想像常规演讲那么枯燥乏味,为此要发挥故事的优势,让其呈现出人性化的特点。第二点,故事要有鲜明的主旨,而不要主题不清。这些故事可以是名人逸事,也可

以是自己编写的主旨鲜明的故事，但前提是都要体现演讲的主题。第三点，要注重细节。如果只是讲一个故事的梗概，就像干巴巴的没有血肉的木乃伊一样，相信没有人愿意听，也没有人愿意认真用心去思考。只有注重细节，讲得有血有肉，故事才会变得更加吸引人。第四点，要注重视觉效果。既然是故事，就不需要完全以说理的方式进行，而是要有情节，也要有情境。在进行氛围渲染的时候，还可以大量运用描摹，从而让一切都更加生动、鲜明地呈现出来。第五点，要注重戏剧化效果。很多喜欢看戏剧的人都知道，戏剧是要有冲突的。为此，想要用故事作为演讲的载体，就要注重加强戏剧化效果，这样才能给人带来心灵的震撼，也才能具有更加强大的力量。

其实，以故事作为载体去演讲，来达到打动人心的目的，这在现实生活中并不罕见。很多书籍都是利用讲故事的方式，向人们阐述道理。作者首先做到的是让读者爱上书籍里的人物，然后再让读者跟着人物经历的起伏而心绪不平，甚至恨不得和人物一起去经历。正是在这样的过程中，作者在不知不觉间已把道理讲述给读者听，也让读者的内心变得更加成熟。

此外还需要注意的是，在讲故事的时候，最好不要以某人作为主角，而是要让故事里的人物有名有姓。如果是公众人物自然更好，因为公众人物更有权威性。即使只是普通人，也要指名道姓，这样才能增强说服力。作为演讲者，作为讲故事的人，一定要非常自信，这样说出来的话才能铿锵有力，掷地有声，真正做到一字千金。

你的语言可以如同画卷般展开

还记得在初中的时候读过小说《红旗谱》，十几年后有一天在电视上看到一个电视剧，只看了几秒钟，我就能冲口说出《红旗谱》这个名字，这让家里人都感到非常惊讶。他们纷纷夸赞我的记忆力好，其实我想说的是，不是我的记忆力好，而是《红旗谱》这部小说的画面感很强，给我留下了深刻的印象。所以在看完原著之后，我就能立即认出电视剧的画面。每个人都是这个世界上独一无二的生命个体，这就注定了每个人的脾气秉性不同，此外，每个人的语言风格也各不相同。有些人语言干练，一件事情只需要用一句精简的话就能说完，而有的人说起话来绘声绘色，就像把一件事情完全还原在听者面前一样。还有的人说话特别富有激情，一边说话一边手舞足蹈。这些都是不同的人表现出来的不同的说话风格。

作为一名演讲者，如何说话才有更好的表现呢？当然不能干瘪，也不能平调，而是要抑扬顿挫，带着感情，富有感染力，这样才能使语言如同画卷般在人们面前展开。很多细心的人会发现，在一些团队中，那些说话富有感染力的人往往能够把管理工作做得更好。因为他们可以带领下属一起畅想未来，似乎睁开眼睛就能看到美好的未来。相反，那些木讷寡言的管理者尽管很踏实勤奋，也能够做到身先士卒，但是，他们却因为语言的无力而导致无法点燃下属的激情。为此，想要提升孩子的语言表达能力，让孩子更善于沟通，使沟通富

有感染力,就要提升孩子们的语言画面感。

不得不说,不管是当众说话,还是与某个人私下里交谈,要想让沟通起到预期的效果,最重要的就在于如何吸引对方的注意力。偏偏这一点也是最容易被人们忽视的。在大多数情况下,演讲者都很少会想到要驾驭听众的注意力,他们更加注重表达自己的情绪情感和思想观念。实际上,真正高明的演讲者知道驾驭听众注意力的重要性,唯有如此,他们才能引导听众进行更加深刻的思考和更加投入的倾听。

艾米这次演讲的题目是《节俭》。她原本想针对时下的浪费现象进行抨击,却又觉得只是一味地抨击浪费,并不能让人有深刻的感触。思来想去,艾米请教了正在读大学的表哥,表哥建议艾米多说一些形象的语言,从而给人留下深刻的印象。艾米觉得表哥的话很有道理,最终,艾米的演讲震撼人心。她说道:

"每年有无数的人忍受饥饿,但是浪费的粮食却触目惊心,尤其是在大城市里胡吃海喝成风、公款吃喝使得人们根本不会关注到如何珍惜粮食。每年因为宴请而倒掉的饭菜,足以养活几十个村子的人。每年,一个城市里如果能够避免公款吃喝浪费,就可以捐助几十所希望小学。人们为何不能节俭一些呢?这里所说的节俭并不是忍饥挨饿,而是要有限度地消费,并不是要牺牲我们的幸福,而只是让我们学会分享,把不需要消费的那部分食物分享给那些更需要的人……"

这样详细生动的描述,使得听众眼前似乎出现了一个个饥饿的人,也似乎出现了一所所充满希望的学校。当即就有同学表示自己以后再也不浪费,要珍惜粮食学会分享。

如果只是一味地号召同学们要珍惜,其实很多同学真的不知道为何要珍

惜，也不知道珍惜到底有什么意义。但是通过这样生动的语言让一幅幅画卷在我们眼前展开，使得我们对于节俭有了更加深刻的理解，也有了更加透彻的领悟。这样一来，每当我们再次浪费的时候，就会想起浪费的粮食和钱能够做很多好事情，帮助更多的人，就会有希望小学的形象出现在我们眼前，就会有一双双充满渴望的眼睛看着我们。

当语言如同画卷一般展开，它就会迸发出强大的力量，也会产生让人难以置信的感召力。任何人都不要轻视语言，更不要觉得语言可有可无。只有真正尊重语言，也只有全力以赴发挥语言的力量，语言才会改变人生，改变命运。当然，孩子的人生经历有限，作为父母要想培养孩子的语言画面感，就要引导孩子多多阅读，也要带着孩子去看大千世界。唯有内心丰富，孩子才能让语言具备画面的质感，也才能让语言发挥出强大的威力。

把演讲原则和技巧用于日常交流

为了提升孩子的演讲能力，除了要教会孩子很多演讲的技巧和方式之外，还要告诉孩子演讲过程中需要遵循的原则和技巧。很多父母都觉得演讲脱离于现实生活，为此唯有到了正式演讲的时刻，才会指点孩子。殊不知，演讲并非独立于生活之外，而应该是和生活相互交融在一起的。只有把演讲原则和技巧贯穿于日常生活交流中，才能随时随地引导孩子锻炼演讲技巧，提升演讲能力，也才有助于孩子语言能力的提升。

当然，孩子们并非生来就善于使用演讲技巧，而是要在后天成长的过程中不断锻炼自己，才能有更好的表现。所谓熟能生巧，一开始孩子只是学习演讲技巧就需要花费很多的时间和精力，根本不可能对演讲技巧做到熟练运用。为了改变这样的情况，孩子不但不能逃避和减少使用演讲原则与技巧，反而要把这些原则和技巧融入到日常交流中，这样才有助于孩子提高演讲能力，也才能对孩子语言能力的提升起到积极的助力作用。

细心的孩子会发现，其实日常生活中的交流与演讲方面的知识并不是遥不可及的，而是密切相关的。在通常情况下，人们之所以用语言去进行表达，就是为了达到一定的目的，或者是为了愉悦他人，或者是为了提供和交流信息，或者是为了说服他人接纳自己的观点，也有可能是要求他人采取行动。实际上，不管是私人的交流还是公开的演讲，都是这样的目的。所以在

第三章 自我提升篇：
真正的高明是无形之招，是没有技巧的技巧

真正开始表达之前，一定要弄清楚自己的真实目的，这样才能有的放矢，奔向最终的目标。

这个周末，爸爸妈妈带着丝丝一起去商场里玩。丝丝看到一家玩具店里摆放着的新款芭比娃娃是她最喜欢的，她不由得怦然心动，很想拥有这个娃娃。其实，丝丝已经读六年级了，按理说已经过了玩芭比娃娃的年纪，但是她很喜欢收藏芭比娃娃。如何才能让爸爸妈妈把这个娃娃买下来，作为礼物送给自己呢？丝丝围绕着娃娃流连忘返，其实爸爸妈妈早就看穿了她的心思，但就是不说破。原来，妈妈想看看总是能在演讲比赛中赢得第一名的丝丝，如何能成功地说服他们买下这个娃娃。

这个时候，丝丝眼珠子一转，计上心来。她对妈妈说："妈妈，谢谢您以前送给我那么多的芭比娃娃，原来芭比娃娃这么贵啊！"妈妈有些小得意："你以为呢！芭比娃娃是很贵的，每次妈妈都要省吃俭用很久才能送你一个。"丝丝说："妈妈，难怪人家都说有妈的孩子像块宝呢，我觉得自己是世界上最幸福的女儿。有您这样的妈妈，是我的福气，以后等我长大了，能挣钱了，您不管想要什么我都给您买。而且，到时候爸爸也不用上班了，我就利用假期带你们去旅游。"听到丝丝这么说，爱女心切的爸爸几乎当即就要缴械投降。看到妈妈投来的眼神，爸爸意识到不能就这样轻易投降，这才把到了嘴边的话硬生生地咽了回去。丝丝继续对爸爸妈妈展开"糖衣炮弹"的攻击，末了她说："我的全套芭比娃娃就缺少这个新成员了，我想等到过年的时候用压岁钱买。"看到丝丝没有提出非分之想，妈妈反而动了恻隐之心："过年还早着呢！要不妈妈先买给你，等你有了压岁钱再还我，好不好？"丝丝当即表示同意。

在这个事例中，丝丝采取的是以退为进的方式，她没有直接央求爸爸妈妈为她买下新款芭比娃娃，而是说要等到过年的时候用自己的压岁钱买。看到

丝丝眼巴巴地看着芭比娃娃却不能拥有,爸爸妈妈当然不忍心,为此主动提出给丝丝买芭比娃娃。这样的迂回战术,使得丝丝顺利达成了目的。

很多时候,想要说服一个人,未必需要强行要求,而是可以采取退步的方式,让对方心软。当然,面对不同的沟通对象,也要采取不同的沟通策略,毕竟每个人的脾气秉性不同,价值观念和想法等都不相同。其实,这个方法在演讲中也有专业的术语来解释,那就是欲擒故纵,还可以叫作故弄玄虚。正如一位伟人曾经说过的,不管是黑猫还是白猫,只要能抓住老鼠就是好猫。同样的道理,不管采取怎样的沟通技巧,只要能够达到沟通的目的,起到预期的效果,就是最好的沟通方法,就值得发扬光大。

第四章

知识储备篇：
积累语言表达素材，提升语言表达能力

在这个世界上，并没有那么多全新的知识随时供我们"调遣"使用，尤其是孩子本身在学习方面就存在很大的局限性，而且身心也处在不断的发展之中，为此，作为父母一定要多多督促孩子学习。孩子只有坚持学习，才能积累语言表达的素材，才能更加开阔自己的眼界，增长见识，也才能持续地提升自身的语言表达能力。就像人们常说的，茶壶里煮饺子倒不出来是不好的。而作为一个茶壶，就算口再大，如果肚子里根本没有"饺子"，也是倒不出来任何东西的。为此，孩子们一定要坚持学习，不断储备知识，只有这样，才能做到说话时言之有据，鞭辟入里。

热爱阅读，勤于写作

一个人可以少吃一顿饭，但是不可一日不读书。古人云，开卷有益。就是告诉我们每个人只要打开书本用心阅读，总是能够从书中得到更多有用的知识和经验。古人又云，读万卷书，行万里路。以这样的两种方式去开阔眼界，显而易见，前者更容易进行，而后者则需要付出大量的财力、物力和精力。当然，出去走一走，看一看，对孩子的成长是有很大好处的。但是，如果各方面条件不支持，那么孩子就可以先从阅读做起，让自己爱上阅读，这样足不出户就可以领略到世界各地的风景，也能在书中体验他人的喜怒哀乐，从而增加自己的人生感悟和经验。

如果说阅读是一个吸收的过程，那么写作则是一个外化的过程，是孩子们把吸收进去的东西进行二次加工和全新创作再呈现的过程。因此，在督促孩子阅读的同时，父母还应该引导孩子尝试写作。这样一来，孩子在阅读过程中潜移默化学会的那些知识就会以新的面貌呈现出来，从而有效提升孩子的思维能力、表达能力和整合知识的能力。

很多父母对于孩子的学习特别关心，而对于孩子阅读习惯的培养则漫不经心，他们甚至从不认为阅读对于孩子的成长很重要，也没有意识到阅读对于孩子而言是一个不可轻视的积累和学习的过程。正是有这样的错误态度才给了孩子错误的引导。如果孩子没有从小养成良好的阅读习惯，则未来的学习和成长就会遭遇困境和障碍，很难突破自我。为此，对于孩子而言，要端正态度，要摆正心态，积极地阅

读和学习,做到不断进步。唯有如此,孩子才能开阔眼界,更好地驾驭文字。

皮特是个不折不扣的健谈者,虽然才九岁,但是不管走到哪里,他都能很快和身边的人打成一片,并侃侃而谈。三年级开学没多久,皮特因为慢性阑尾炎入院做手术。除了第一天因为腹部疼痛而无法动弹外,其余时间,他在医院里都显得生龙活虎,根本不像个刚做完手术的病人。

病房里很无聊,有些病人的病情比较严重,不方便行动,甚至连话也不想说。皮特则不同,他最愿意做的事情就是去找护士们聊天。他的病房靠近护士站,每当护士们不忙的时候,他就可以和护士姐姐开玩笑,天南海北地说话。护士姐姐们都惊讶于皮特的知识面之广泛,因为不管说到哪里,皮特都不像大多数的同龄孩子那样懵懂,而是能开动脑筋,调动所学的知识,和她们好好畅谈一番。有一次,护士姐姐说起输液管排气的问题,皮特马上说:"当心脏里进入大量空气,人就会死掉。"护士们惊讶极了,别说是皮特这么小的孩子,就算是很多成年人也未必知道这个道理。她们问皮特是如何知道这些的,皮特骄傲地说:"从书上看到的!"原来,皮特几乎什么话题都能聊,是因为他从小就喜欢看书,所以积累了很多知识。

为此,父母要多多引导孩子看书,帮助孩子养成勤奋阅读的好习惯。当孩子通过书本积累更多的知识,也能消化和吸收这些知识的时候,他们一张口往往就能震惊四座。

爱阅读,不仅对于孩子储备表达的材料有很大的作用,而且对于孩子的一生都会有所助益。如今,知识更新的速度很快,孩子们不仅在校园里要好好学习,就是将来走上社会,也依然要保持不断阅读和学习的好习惯,这样才能保证自己能跟上时代,始终走在时代的前沿。

善于联想，让语言滔滔不绝

人的脑子就像是一座知识的宝库，各种知识之间都应该能有效地联结，这样才能触类旁通，可偏偏有些人对于知识的理解不够深刻，总是只知其一，不知其二，或者学习流于表面，而不能把各种知识都整合起来变成一个整体。这样一来，在想调用这些知识的时候，人就会陷入一个困境，因为脑海中的各个知识点被孤立起来，根本不能做到举一反三，也不能做到在知识的海洋里畅游。

很多孩子都羡慕别人说起话来滔滔不绝，似乎不管把话头说到哪里，他们都能连贯起来，说得很好。殊不知，这是因为别人的知识储备是一个宝库，而我们的知识储备则是一盘散沙。为此，想要有更好的学习状态，获得长足的进步和发展，我们就要做到善于联想，让联想帮助我们记忆，以及建立更多的知识联结。这样一来，各种知识在我们的脑海中就会融会贯通，在实际运用中，我们就能做到触类旁通，轻松驾驭各种谈话场合。以这样的方式去储备知识，时间长了，无疑会提升孩子的语言表达能力。

在联想法则的作用下，每当人们听到一个特定的词语，记忆力马上就会被指引向特定的方向。例如说起生日，脑海中立即就会出现数字，即具体的年月日。说起早餐，脑海中就会马上出现豆浆、牛奶、油条、面包等食物。这是因为这些具体的东西和抽象的概念之间在大脑中建立起了牢固的联结。当我们

以联想的方式把更多的概念和具体的东西联系在一起，使得它们之间形成密切的关联，也让这些关联成为多向的，而不仅仅是单向的，则知识的宝库就会呈现出以对数增长。所以，要想储备更多的知识用作表达的基础，就不要一味地去死记硬背，而是要把已经掌握的、固有的知识进行重组，使其产生最强大的作用。

同样是人，有的人记忆力差，有的人记忆力强，最根本的原因不在于他们记忆力的强弱，而在于他们是否能够把头脑中已经拥有的一切知识和经验形成多变的联结。当一个人在受到外部刺激的时候，头脑中马上呈现出很多知识，那么他的记忆力就很强。而当一个人哪怕受到了外部的强烈刺激，头脑中也依然是一片空白，那么他的记忆力就很弱。由此可见，让大脑充分运转起来，展开联想，对于孩子发展语言表达能力，更加顺畅地与人沟通，有至关重要的作用。

妈妈感到很纳闷，因为郡郡是个特别健谈的孩子，妈妈好奇郡郡怎么会有那么多话题与他人交流呢？周末，妈妈带着郡郡一起去参加单位组织的集体活动。原本妈妈以为郡郡看到陌生的叔叔阿姨们会感到有些害羞，可没想到的是，郡郡到了活动现场十几分钟后，就和他们聊开了。

同事正在吹气球，为接下来的活动做准备，郡郡也走过去帮忙，并且主动搭讪："叔叔，你的肺活量很大啊，一下子就把气球的气吹满了。"同事觉得很好奇，反问郡郡："你还知道肺活量？"郡郡说："当然，肺活量就是肺部一次性吸入空气的量，肺活量大的人便于运动。"同事由衷地对郡郡竖起了大拇指。郡郡问："叔叔，为何不用氢气球呢？"同事被问住了，说不出什么所以然，郡郡自问自答："是担心着火吗？氢气是易燃气体。"同事更惊讶了："郡郡，你才上三年级吧，怎么知道这么多知识？"郡郡笑起来："叔叔，你看过《爱丽丝梦游仙境》这本小说吗？我也想用氢气球使我的床飘浮在空中，就像

第四章 知识储备篇：
积累语言表达素材，提升语言表达能力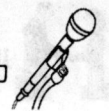

神毯那样，那可太酷了。"就这样，郡郡帮忙吹完气球，又去甜品区帮忙摆盘了。同事们都对妈妈说："你家孩子真可爱，什么都懂！"

郡郡之所以很受欢迎，那是因为他很擅长把已经掌握的知识和新学习到的知识联系起来，并运用到实际中，从而起到触类旁通的作用。这样一来，郡郡就可以发挥出自己爱读书的优势，也可以把自己从书本上学到的知识讲给他人听，从而与他人有更多的交流内容。一个人是否健谈，在很大程度上取决于他与别人搭讪的能力，也要看他能否从简单的生活中找到话题，与他人展开攀谈。

能够把新知识与自己已经学习和掌握的知识联系在一起的孩子，学习能力更强，思维也更加敏捷。当思维变得更加灵活，当有更多的知识可以调遣，孩子的语言表达能力自然水涨船高，孩子也理所当然变得更加健谈。

把更多的演讲要点进行有效关联

有些演讲的内容很简短,短到只有几句话;有些演讲的内容则很冗长,长到可以说是长篇大论,必须要花费很多时间才能记下所有的信息。然而,只靠死记硬背是根本不可能完成一个庞大的演讲的。演讲是有技巧的,想要让语言如同滔滔江水从我们的口中流淌出来,即使记不住很多琐碎的语言,至少也要把更多的演讲要点进行有效关联。这样一来,就像写作文需要事先列好提纲一样,就能在提纲的指引下架构和组织语言,从而保证演讲的顺利进行。

要想储备更多当众演讲的素材,靠着一味死记硬背根本不可能达到目的。细心的人会发现,有些人讲话滔滔不绝,不是因为他们背诵下来更多的内容,而是因为他们可以把语言进行巧妙的组织,同时对自己所要说的关键点也了然于心。那么,如何把更多的演讲要点进行有效关联呢?首先,要对这些演讲要点进行外部刺激。其次,也可以在脑海中把这些演讲要点进行内部关联。所谓外部刺激,可以是用来做记录的纸和笔;所谓内部关联,可以利用已有的经验与演讲点进行整合记忆,这样才会使记忆更加牢固。当然,没有人愿意看一个大演讲家拿着纸和笔进行演讲。那么,内部关联就成为演讲者进行演讲点记忆的主要方式。当然,这么做难度很大,必须整理出一定的顺序,做到层次分明、重点突出,如此才能取得很好的效果。

然而,对于孩子而言,真正到了在大庭广众之下讲话的时刻,他们很有

第四章 知识储备篇：
积累语言表达素材，提升语言表达能力

可能无法战胜内心的恐惧。当面对强烈的恐惧困扰时，孩子们也许会把原本已经关联好的演讲要点彻底打乱。为了避免这种情况的发生，最好的办法是把所有的演讲点以讲故事的方式串联起来。最近几年，很多人都很关注快速记忆的训练，实际上了解了其中的道理，就会发现所谓快速记忆就是把毫无关联的词语编造成简单的故事，这样一来，远远比记忆单独的词语要更有效率。例如，太阳、帽子、泥土、捉鱼，可以以一句话进行关联，那就是"太阳当空照，我戴着帽子踩在泥土上，去田野里的小河中捉鱼"。这句话看起来并没有什么特别的意义，但是比单独记忆几个词语显得更容易。在记忆演讲点的时候，也可以采用这样的方式。这样一来，就可以有的放矢地进行编辑整合，从而使记忆更加深刻。

演讲点就像是作文的大纲，看起来各个演讲点之间没有关联，但实际上是有其内在逻辑的。作为一名演讲者，既可以根据演讲点之间的内在逻辑进行记忆，也可以对演讲点进行编辑和整合。这样一来，在演讲的时候就有了清晰的脉络和根本的支撑。

储备演讲的材料、知识及逻辑顺序与记忆力密不可分，必须依靠记忆力，才能更加有效地展开。孩子虽然机械的记忆能力比较强，但是面对庞杂的演讲内容，未必能够做到面面俱到，只有掌握好上述介绍的方式提升记忆力，才能在记忆过程中提高效率，达到事半功倍的效果。

突然忘词，如何救场

在与人沟通的时候突然忘词，这种情形如果是在与人私下沟通时发生尚且还好，但如果是在众目睽睽之下，那么就有些尴尬了。作为表达者，往往越是紧张，越是容易忘词，那么，最好的处理办法是什么呢？就是不着痕迹地去解决问题，以自己说完的最后那句话作为新的话头，继续表达。

作为一名演讲者，尤其是在公开场合进行演讲时，如果说着说着突然发现大脑一片空白，不知道下一句应该说什么，想想这真的是很糟糕。显而易见，当箭在弦上不得不发的时候，人根本没有时间静下心来思考，即便可以思考，也未必能想出什么来。而在公开场合公然沉默下来思考，这其实已经很尴尬了。那么，有什么技巧能够掩饰这样的尴尬，做到不动声色地思考呢？曾经有一个人在公开场合发表演讲的时候突然忘词，他灵机一动问后排的人："后排的听众们，能听到我说话吗？"以这样简单的问题掩饰自己的尴尬，而且表现出对听众的关心，无疑是非常成功的。在问答的过程中，他想起了后面的内容，得以继续进行演讲。

当然，这是经验丰富的演讲家采取的方式。对于孩子而言，也许当众演讲的功力还没有那么强，为此这样提问之后反而会让自己变得更加慌张，打断了思路。那么，就按照上文所说的方法，以在忘词之前说出的最后一句话或者一个字作为新的开始。

第四章 知识储备篇：
积累语言表达素材，提升语言表达能力

在爷爷的八十大寿上，佳佳作为孙女要为爷爷祝寿。虽然之前练习了好几遍，但是在寿筵上，面对那么多人，佳佳才说了没几句就忘词了。看到宾客们都看着自己，佳佳更加紧张，头脑中一片空白，根本不知道自己接下来要说些什么。眼看着时间一秒一秒地过去，佳佳灵机一动，想起刚才自己说"祝愿爷爷福如东海，寿比南山，越活越年轻"，于是，她又接着说道："拥有一颗年青的心，是一个人最大的财富；有一颗年青的心的爷爷奶奶，就永远不会老。"这样说完，佳佳想起来自己原本要说的话，又开始说起之前的话。在佳佳发言结束后，大家都给了佳佳热烈的掌声。

佳佳很机灵，能在忘词之后做到灵机一动，说出更多的祝寿话来。其实，当众说话最怕的就是突然沉默，只要能够保持语言的连贯性，就不会太尴尬，循着此前的基调往下说，就会起到很好的效果。最重要的是不要慌张，因为心慌意乱之下只会让头脑变得更加空白，也会使场面更加尴尬。

当然，孩子们的人生经历有限，对于人生中的很多境遇他们未必能够理解。作为父母，要引导孩子更加深入地领悟人生，也要给予孩子更多的机会去好好表现。当孩子在演讲时忘词的时候，父母可以选择忽视，给予孩子时间去思考，也可以积极地鼓励孩子，引导孩子把忘记的词想起来。这样一来，孩子们就能得到锻炼，也就能在一次又一次历练的过程中有更快速的成长。所谓见多识广，对于孩子而言也同样适用。当孩子经历更多，见识更多，他们的思维就会变得更加灵活，语言表达能力也会越来越强。

提升观察力,随机应变

对于孩子们而言,他们的心智发育还不够成熟,而且人生经验匮乏,为此,在面对人生的很多事情时,他们往往无法做出准确的判断,也不可能有的放矢地做出正确的选择。在这种情况下,要想帮助孩子们积累表达的素材,让孩子们在与他人沟通的时候有更多的话题可以说,就要提升他们的观察力。唯有如此,孩子们才能通过用心地去观察生活,持续积累素材,从而不断地提升自己,让自己获得长足的进步和发展。

观察力对于孩子而言绝不仅仅是用眼睛看,还要用心去感受,更要用生命去感知和体验。伟大的发明家爱迪生就是一个很善于观察的人,所以他才能在一生之中拥有很多的发明创造,成为不折不扣的"发明大王"。和爱迪生相比,普通人的观察力则差了很多,他们对于日常生活中的很多事物都视而不见,对于生命中很多艰难的时刻也会选择逃避和畏缩。为此,作为父母一定要提升孩子的观察力,这样一则可以帮助孩子积累更多的表达素材,二则也可以让孩子洞察身边的人和事,从而做到随机应变。

杰米的人缘很好,虽然才上小学五年级,但是他已经结交了很多朋友。他的朋友不但有同学、老师,还有爸爸妈妈的同事、同事家的孩子等。对于杰米的表现,爸爸妈妈常常感到很惊讶,因为他们两人的性格都很内向,平日里也不喜欢人际交往,为何杰米与他们迥然不同,具备如此

强的人际交往能力呢？

有一次，爸爸带着杰米一起去参加同学聚会，才过去十几分钟，杰米就得到了爸爸同学的喜爱和认可。爸爸发现，杰米的记忆力很强，不仅能够记住仅仅跟自己打过一次招呼的人的名字，而且在和人相处的时候，还很善于体察他人的需要。例如，有个阿姨不喜欢喝酒，每次端起酒杯都会紧紧皱起眉头。这个时候，杰米马上找到一个干净的杯子，为阿姨倒满一杯饮料端过去。这样的举动使得阿姨对杰米由衷地竖起了大拇指。爸爸这才恍然大悟，杰米不仅记忆力好，更重要的是他还很善于体察别人的需求，所以才能和他人友好和谐地相处。

在人际交往中，没有人愿意被人以"喂"称呼，也没有人愿意被人忽视。每个人都想获得他人的瞩目，都希望自己可以成为人们关注的焦点。孩子要想提升人际交往能力，要想成功地打开他人的心扉，就要具备观察力。这样才能更加准确地注意到他人的需要，进而最大限度地满足他人的需要。显而易见，具备这种能力的孩子更受人欢迎，也必然更容易与他人之间建立更加和谐融洽的关系。这对于孩子的成长而言至关重要，也能够帮助孩子拥有好人缘。

当然，观察力并非与生俱来的。要想培养和提升孩子的观察力，父母就要有意识地引导孩子去观察，也要帮助孩子怀着感恩的心去对待这个世界。当孩子的心变得柔软，心中充满爱与友善，可以更加真诚地面对人生时，他们的观察力就会得以提升。此外，在日常生活中，父母还需要注意的是，不要娇纵和宠溺孩子，更不要让孩子养成以自我为中心的坏习惯，而是要引导孩子学会站在他人的角度去思考问题，也要让孩子学会设身处地地为他人着想。唯有如此，孩子的感情才会更加细腻，也才能主动考虑到他人的需求，从而给予他人更好的照顾和关爱。当孩子一张口即能把话说到他人心里去的时候，还用去担心孩子没有好人缘吗？

儿童口才艺术与沟通技巧

让孩子亲身去经历更多的事情

很多事情如果只是道听途说,那就根本不可能真正成为孩子的人生经验。而人与人之间的交流,从本质上而言就是信息的传递和交换。为此,要想让孩子变得健谈,在与人沟通的时候有话可说,就要丰富孩子的阅历,增加孩子的人生经验,唯有如此,孩子才能与更多的人产生共鸣。遗憾的是,现代社会,在很多独生子女家庭里,父母对于孩子总是全方位地保护和照顾,根本不会给予孩子更多的机会去亲身体验。他们打着爱孩子的名义和旗号,无形中剥夺了孩子亲自面对和处理很多事情的机会,导致孩子变得束手束脚、胆小怯懦。孩子也因为习惯了被父母照顾,所以在独自面对人生的时候就表现出很强的惰性。一开始,是孩子想去做,父母不允许,后来随着孩子不断成长,父母渐渐老去,等到父母需要孩子承担起照顾家庭的重任时,孩子却并不具备这样的能力了。不得不说,这对于孩子而言是很糟糕的,对于家庭来说也是沉重的打击。

我们都知道,亲眼看到的、亲耳听到的,未必都是真的,唯有亲身经历且用心感受和判断的,才能成为自己的经验。所谓不经历无以成经验,孩子原本就缺乏人生经验,父母更需要多多引导孩子去亲身感受。

很小的时候,林肯家境贫苦,住在一个偏僻的乡村里。每天,林肯都去

破旧的乡村小学读书。学校破破烂烂的,窗户是用废弃的纸张糊起来的,根本没有玻璃。整个班级里只有老师才有一本课本,为此,老师不得不大声地把要学习的课文朗读给孩子们听。为了加深孩子们的印象,老师要求孩子们也跟着他一字一句地读。孩子们读书的声音很大,传到了村子里,很多村民都能听到孩子们的读书声。正是因为有这样的学习经历,林肯才养成了一个好习惯,那就是大声朗读。

在担任律师期间,林肯每天早晨都会早早地来到律师事务所,然后开始大声朗读报纸。对于林肯的表现,同事很不理解,也觉得林肯的朗读声很吵闹。但是,林肯却很热衷于此,而且根本不愿意改变自己读书的方式。林肯的记忆力很好,对于朗读过的内容,他总是记得很牢固。他说,这是因为在朗读的时候他看到了阅读的内容,而且在朗读的过程中,他也再次听到了自己朗读的内容。如此一来,他就把那些东西牢牢地刻在了脑海中,难以抹掉。

除了要看到和听到自己所要牢牢记住的一切之外,我们还要去亲身经历,深刻感悟,要以细腻的感情去接受,去感知。尤其是作为孩子,原本自己的人生经验就很匮乏,所以更要抓住各种机会亲身去感受各种事物,这样才能加深自己的印象,也让自己对于人生有更深刻的理解和更加细腻的感受。

年幼的孩子对于看到的东西会记忆更加持久,就像我们总是可以认出一个人的脸孔,但是不能准确记住这个人的名字。为此,在帮助孩子加深记忆的过程中,还可以让孩子更多地看,更深刻地记忆,这样往往会收到良好的效果。随着孩子不断成长,还可以引导孩子进行思考来深化理解,这些都是很好的辅助增强记忆的方式。总而言之,成长从来就不是一蹴而就的事情,而是要经历漫长的过程。父母要助力孩子成长,也要给予孩子更多的爱与自由,让孩子抓住各种机会感知生活,感受生命,这样孩子的人生才会更加精彩!

赞美篇：
赞美是世界上最美妙动听的语言

人人都喜欢赞美。赞美就像是抹了蜜的语言，会给人带来更好的心理和情绪感受。为此，善于沟通的孩子一定也是赞美他人的高手，他们知道如何利用赞美拉近与他人的距离，也知道如何利用赞美打开他人的心扉。当然，赞美不是与生俱来的本领，而是需要孩子们在人际交往中更加真诚和用心，不断练习，如此才能获得交际能力的提升和更好地掌握语言技巧。

赞美别人不为人注意的细节

每个人的耳朵似乎天生就有选择的能力，每当听到赞美的话，人们总是心花怒放；每当听到不好听的话，人们就会表现出很排斥和抵触。哪怕是那些自诩可以虚心接受别人建议的人，也无一例外地更喜欢听到赞美的话。为此，在人际交往中，如果能够把握住大多数人喜欢被赞美的心态，尽量多说些赞美他人的话，就能够建立起良好的人际关系。

赞美的时候有很多原则需要坚持，也有很多技巧可以使用。但是，不管采取怎样的方式去赞美他人，最重要的前提是必须真诚、友善。很多人赞美他人的时候是阿谀奉承，甚至为了迎合他人而睁着眼睛说瞎话。不得不说，这样的行为很容易招致他人的反感，也不利于发展人际关系。那么，如何赞美才能打动人心呢？如果能够赞美他人不为人注意的细节，那么赞美就具备了打动人心的力量，也会赢得他人真诚相待的契机。

在宿舍里，陌陌和可乐关系最好。在开学没多久的时候，她们就成了好闺密。看到她俩亲密的样子，很多不知情的同学，还以为她们在上初中之前就认识呢。实际上，陌陌和可乐是来到初中校园才认识的，之所以能够成为好朋友，是因为开学之初，陌陌就向可乐伸出了橄榄枝。

报到的那天，陌陌第一个到宿舍收拾好了床铺。当陌陌送走爸爸妈妈，准备坐下来喝口水休息一下时，可乐也拎着大包小包地来了。陌陌观察一番，

发现可乐居然是自己来学校报到的,而且还拿着那么多行李。为此,陌陌由衷地称赞可乐:"你可真厉害啊,自己拿了这么多行李来报到,其他同学都是爸妈送来的,当然,我也是爸妈送来的。"可乐说:"爸爸妈妈上班都很忙,他们送我来还得请假,况且我小学就住校,已经习惯了。"陌陌更是敬佩:"看来你的自理能力很强,将来一定是宿舍里的大姐大。"就这样,可乐一边和陌陌寒暄,一边三下五除二地就把床铺收拾好了。在此后的日子里,陌陌总是能发现可乐身上的很多优点,时不时就会赞美可乐。在班级组织的一次包饺子活动中,陌陌更是发现可乐竟然有单手擀饺子皮的绝技,由此对可乐更加佩服得五体投地,还当着全班同学的面大加赞扬可乐。如此一来二去,陌陌和可乐之间的关系就变得越来越好,成了真正的闺密。

陌陌之所以能和可乐成为好朋友,是因为她有一颗真诚的心,而且她发现了可乐身上有很多不为人知的优点。对于可乐而言,能够得到陌陌真诚的赞美,当然让她非常高兴。人总是礼尚往来的,相信可乐在得到陌陌这么真诚的赞美之后,也会努力发现陌陌身上的优点,从而与陌陌更融洽地相处。

赞美,是每个人随时随地都可以给予他人的美好礼物,尤其是真诚细致的赞美,更是能够成功打动他人的心,得到他人的回报和善意。当然,想要赞美他人不为人知的细节,并不是一件简单的事情。首先,要求孩子们必须待人真诚,而且要细致地观察他人。其次,孩子们还必须敞开心扉,不会因为他人比自己优秀就不愿意承认他人的优点。

在这个世界上,每个人都是既有优点,又有缺点。对于那些显而易见的优点,每个人都能很轻易地发现,为此赞美这样的优点常常会使人心生反感。真正擅长赞美的人,会赞美他人不为人关注的细节,这样一来,就能让他人怦然心动,产生遇见知己的感觉。记住,赞美不是敷衍,更不是漫不经心地完成一项任务,而是要用心,真诚、友善、热情,这样才能收到预期的效果,也才能使被赞美的人怦然心动,满怀感激。

第五章 赞美篇：
赞美是世界上最美妙动听的语言

赞美要真诚，不要虚伪

根据赞美的目的，可以把赞美分为两种：一种是真诚的、发自内心的赞美。毫无疑问，人人都想得到这样的赞美；另一种是有目的的赞美。赞美他人是为了达到某种目的，毋庸置疑，这样的赞美使人望而却步，也没有人真心想要得到。赞美的首要原则就是真诚，只有真诚的赞美才发自人的内心深处。而虚伪的赞美则带着很强的目的性，无法打动被赞美者的心。

孩子要想拥有好人缘，要想与他人更好地沟通，就要慷慨地赞美他人，而不要吝啬，更不能对他人的优势和长处怀有忌妒之心。要想做到这一点，父母就要多多引导孩子拥有一颗宽容博大的心。作为孩子也要学会欣赏他人，多多发现他人身上的闪光点，这样才能心甘情愿地去赞美他人。

周末，艾米如约参加了好朋友晓雪的生日宴会。和班级里大多数同学——来自县城或者农村——不同的是，晓雪是地地道道的城里人。她的家就在市区，她的爸爸还经营着一家饭店。尽管算不上是富二代，但晓雪的家境也很优裕了。就像这次生日宴会，虽然舍友和好友们只送给晓雪很普通的礼物，或者是一本书，或者是一副手套，或者是一个装饰物，但是晓雪还是很开心地接受了。

在这次宴会上，晓雪在感谢亲朋好友来为她庆祝生日之后，就和同学们团坐一桌。菜品很丰盛，艾米吃得不亦乐乎。看着如同众星捧月般的晓雪，艾米由衷地说："晓雪，你可真幸福啊，有这样爱你的爸爸妈妈，还有这么幸福

儿童口才艺术与沟通技巧

的家,祝愿你在未来的人生中顺遂如意,心想事成!"晓雪得到艾米真挚的祝福很高兴,忍不住拥抱了艾米。艾米伏在晓雪的耳朵上说:"晓雪,我真的很羡慕你。难怪你这么善良友好,是因为你从小就在幸福的环境中成长。"从此之后,原本只是普通舍友的艾米和晓雪的关系便更上一层楼,晓雪也把艾米当成了真正的知心好友。

在这个事例中,晓雪之所以与艾米越走越近,不得不说,和艾米真诚地赞美晓雪有着密切的关系。相比起其他同学赴宴时说些无关痛痒的话,艾米对于晓雪的赞美则是有感而发,也是非常真诚的,绝无一丝一毫的虚伪之意。每个人都是情感动物,孩子们的心智虽然还没有完全发育成熟,但是他们对于身边的人和事却也有着深刻的感悟,也非常敏感、细腻,可以感受到朋友的真心。为此,在相处的过程中,每当需要赞美小伙伴的时候,孩子们的赞美一定要非常真诚和友善,也要发自内心,这样的赞美才能打动他人。反之,虚伪的赞美更像是敷衍,往往还会导致事与愿违,会使得原本自然发展的人际关系变得尴尬,彼此之间的情谊会更加脆弱。

任何时候赞美他人,都要足够真诚。如果实在不知道应该赞美他人什么,不如就选择沉默,或者说一些更加真实的话语,这样的情谊尽管平淡,却很真实,远远比伪装出来的情感更加动人。当然,要想真诚赞美他人,作为孩子,不管真的可以做到设身处地为他人着想,还是努力去发现别人的优点,都要真心地欣赏他人,发掘出他人的闪光之处,这样才能做到心甘情愿赞美他人。当然,父母在养育孩子的过程中,也要有的放矢地引导孩子,杜绝孩子形成以自我为中心的坏习惯。这样孩子才会有宽容博大的胸怀,也才会主动地发现他人的优势和长处,做到真诚赞美,言为心声。在真诚赞美的氛围下,孩子们更容易得到他人的认可和欢迎,也会拥有和谐融洽的人际关系,真正受人欢迎,快乐地成长。

第五章 赞美篇：
赞美是世界上最美妙动听的语言

赞美要少而精，不要泛滥

和传统的教育方式相比，如今更多人提倡对孩子进行赏识教育。所谓"赏识"教育，顾名思义就是努力发掘孩子的优点，真诚地赞美孩子，切实支持和鼓励孩子。为此，很多曾经对孩子奉行严厉管教的父母由此走上了另一个极端，那就是对孩子的赞美太过泛滥，使得孩子对父母的赏识渐渐无感，由此一来，导致赏识教育失去了预期的效果和作用。作为父母，固然要彻底戒除打击、否定和肆无忌惮地批评孩子的恶习，但也不要因此而走上另一个极端，那就是对孩子的赞美泛滥。其实，不仅父母对孩子不能过度赞美，泛滥赏识，孩子们在人际交往的过程中，要想与他人之间建立良好的人际关系，要想使自己更受欢迎，与他人之间沟通顺畅，也要把握这个原则，即赞美要少而精，一定不能泛滥。

俗话说，凡事皆有度，过度犹不及。任何事情一旦超过合理的限度，就会使得事情的发展变得不可控，或者起到相反的作用。哪怕是人人都想得到的赞美，如果过度泛滥，也会变了味儿。在人际交往的过程中，孩子们要想让赞美恰到好处，就要坚持少而精的原则，这样才能让赞美变得更加有效。

曾经，爸爸妈妈一致认为对孩子要进行严厉的教育。为此，每当王伟犯错误的时候，爸爸妈妈都会对王伟进行很严肃的批评和教育。有的时候，不

是因为王伟做错了事,而是因为爸爸妈妈对于王伟的要求太高,使得王伟总是被否定,渐渐地对自己失去了信心,做任何事情都习惯性地退缩。看着曾经活泼开朗的王伟变得沉默且胆怯,爸爸很担心。为此还特意咨询了心理专家,这才意识到作为父母应该多多赞美孩子,鼓励孩子,这样孩子才能对自己充满信心,在各个方面才会有更好的表现。得到这个信息后,爸爸赶紧和妈妈沟通,最终他们一致认为以后要多多鼓励王伟,认可和激励王伟。就这样,家庭教育的氛围突然之间就转变了。

最初得到爸爸妈妈慷慨的赞赏,王伟有些丈二和尚摸不着头脑。然而,他还是很开心的,毕竟和批评的话相比,赞赏听着更受用。可惜,王伟的美妙感觉还没有维持多久,他就开始厌烦起来。例如周五下午,他拿着考得并不太理想的试卷回到家里,爸爸没有像以前那样批评他,而是对他说:"王伟,你很棒,爸爸相信只要你更加努力一些,一定会有更优异的表现。"王伟听后简直要崩溃,他自己都觉得考试成绩很不理想。此后很长一段时间里,不管王伟说什么还是做什么,爸爸妈妈都会不由分说地鼓励他。渐渐地,王伟对于爸爸妈妈的赞赏越来越厌烦。有一天,王伟忍不住对爸爸妈妈说:"以后能不能不要这样假惺惺地赞美我了?我承受不起。我对自己还是有自知之明的,所以不愿意看着你们睁着眼睛说瞎话的样子。"对于王伟的态度,爸爸妈妈觉得很无奈:"这个熊孩子怎么回事?以前被批评,就像斗败了的公鸡一样蔫头耷脑。现在被表扬,居然还不适应了。"

孩子虽然心智发育不成熟,也特别渴望能够得到父母的认可和赏识,但是他们还是有一定的自知之明的。作为父母,在赞美孩子的时候,切勿泛滥和过度,而是要尽量尊重事实。可以发掘孩子的优点和闪光点作为赞美的对象,但是不要睁着眼睛说瞎话,更不要对孩子的赞美言不由衷。孩子的年龄虽然小,但是内心已经很敏感和细腻,为此作为父母一定要做到真正赏识和认可孩子。此外，还要讲究赞美的方式和尺度，这样才能让赞美起到积极的作用。

　　当然，赞美的各项原则不仅适用于父母和孩子之间，而且适用于孩子与孩子之间。在人际相处的过程中，作为孩子，不管面对的是成年人，还是和自己同龄的小伙伴，都要坚持赞美少而精的原则。让赞美对人际交往起到积极的推动作用，成为人际相处的润滑剂，最终创造友谊的奇迹。

假借他人之口进行赞美

在通常情况下,赞美都是当面说出来的。在与人沟通中,当面赞美别人,可以让双方的沟通更顺利。其实,真正擅长赞美的高手都有一个绝招,那就是假借他人之口进行赞美。这样一来,赞美的效果就会成倍增长。何谓假借他人之口进行赞美呢?顾名思义,就是当着他人的面赞美一个人,再由他人把赞美传递到被赞美之人的耳朵里,被赞美之人听到这样辗转得到的赞美,一定会感到更加真实、可信。这是因为很多人当面赞美他人也许是为了阿谀奉承,但是当一个人在背后赞美他人的时候,则往往是出于真心,毕竟这样的赞美没有当面对着他人说出来,而是对着第三人说出,所以真实性和可信度更高。

如果孩子们也能在人际相处中恰到好处地运用这个赞美技巧,相信一定会事半功倍,获得很好的效果。当然,假借他人之口进行赞美,并不适宜经常使用,而是要在恰当的时候使用,这样才能奏效。一旦过于滥用这个技巧,被他人识破,赞美就会毫无效果,甚至还会导致事与愿违。为此,使用假借他人之口进行赞美的方法,一定要讲究机缘和场合,而不能生搬硬套。

最近,小朵跟随爸爸妈妈刚刚搬到新家。他们全家人之所以搬迁,是因为爸爸工作调动,为此他们的新家就安在爸爸单位的宿舍楼里。不管是楼上还是楼下,都是爸爸的新同事,妈妈在把家安顿好之后,决定请邻居们来家里

第五章 赞美篇：
赞美是世界上最美妙动听的语言

做客。小朵也想在宴会上露一手，做她擅长的冷餐，不过，对于当地的冷餐习惯，小朵并不了解，她想请个年龄相仿的孩子来帮忙请谁好呢？经过多方打听，小朵得知前楼的丁丁是附近有名的小厨师，但是小朵和丁丁并不熟悉，如何邀请丁丁呢？思来想去，小朵决定采取迂回的策略。

有一个周末，小朵和妈妈外出买菜的时候，特意在小区门口逗留了一会儿。果然，她遇到了丁丁的好朋友艾莉。小朵看到艾莉，羡慕地说："真好，你们都会做本地的特色美食，我也很爱吃，可惜还不会做。尤其是丁丁，我听说她是整个家属院里厨神一般的存在，真希望有一天能够认识她啊！"艾莉也很热心，当即对小朵说："小朵，听说你要开家庭自助聚餐，还要邀请同学参加那可是少不了冷餐啊！何不就请丁丁帮你做呢，他的手艺高超，一般人都没机会见识！"小朵听后既兴奋又遗憾地说："艾莉，你这么说正说到了我的心坎上。我何尝不想请丁丁帮忙呢？只可惜我和他素不相识，只是久闻他的大名而已。他可是厨神啊！"艾莉说："丁丁性格内向，看起来不爱说话，实际上他为人非常热心，你完全可以试一试，说不定他愿意帮你呢。"在艾莉的鼓励下，小朵说："好的，那我就去试着邀请丁丁，祈祷他愿意帮我。"

过了几天，小朵才去邀请丁丁帮忙。而在此期间，和丁丁无话不谈的艾莉早就把小朵对丁丁的崇拜和赞美传达给了丁丁。结果，丁丁很高兴地接受了小朵的邀请，和小朵齐心协力，为家庭自助餐贡献了好几道美味的冷餐。

小朵如果没有事先在艾莉面前赞美丁丁，而是唐突地邀请丁丁帮忙，那么丁丁未必会愿意帮忙。幸好小朵很擅长赞美他人，也把假借他人之口赞美他人的技巧运用得炉火纯青，正是因为如此才能成功邀请到丁丁，也助力妈妈成功地举办了家庭宴会。

假借他人之口赞美他人，是赞美的技巧，也是赞美的艺术，还是赞美至高无上的境界。只有深谙赞美之道的人，才能把这个技巧运用得恰到好处。作

为孩子，当然不可能一下子做到熟练运用这个技巧，那么当务之急就是给予孩子更多的机会去练习多多赞美他人。所谓熟能生巧，对于孩子而言更是如此。只有坚持赞美，真诚赞美，孩子才能越来越熟练地运用赞美的技巧，也才能发挥赞美的力量，使赞美成为人际交往的润滑剂。

赞美要因人而异

每个人都是这个世界上独立的生命个体,有自己的思想和个性,为人处世也有自己独特的风格。在与人沟通的过程中,孩子们即使知道了赞美的重要性,也掌握了赞美的各种原则和技巧,却未必能够把赞美发挥得恰到好处。这是为什么呢?原因在于他们忽略了赞美要以人为本,要因人而异,他们只是把赞美当成了一种技巧和能力,而没有在赞美的过程中投入感情,灌注真情。

真正的赞美,绝不是遵循某一项原则或者是学会某一种技巧就能做到的。而是大而化之,升华到没有痕迹。真正的赞美,绝不是放之四海而皆准的。即使再高明的原则和技巧,也不可能适合运用到所有人身上。由此可见,不管是赞美的付出者,还是赞美的接受者,都要认识到赞美的本质是真诚用心,带有赞美双方的个性特点,而不仅仅是一种交流工具。为此,孩子们要想把赞美运用得恰到好处,达到事半功倍的效果,就一定要牢记赞美因人而异的原则。举例而言,赞美孩子可以说他可爱、聪明,赞美成年人则要用事业有成、美丽漂亮、英俊帅气等语言,而赞美老年人则可以祝他健康长寿等。赞美切不可千篇一律,否则就会让人觉得驴唇不对马嘴,就连赞美的诚意都会因此而大打折扣。

当然,孩子无法在短时间内就掌握赞美因人而异的原则,也不可能在赞美的时候真正做到根据赞美对象去准确表达。因此,父母要多多引导孩子察言

观色,告诉孩子根据赞美对象的不同,来给予赞美对象更加符合实际情况的赞美。除了身份地位等之外,还要根据赞美对象的性别、性格、喜好等,来深入观察和剖析赞美对象,只有这样,才能把赞美的话说得恰到好处,也才能让被赞美者心花怒放,从而使得赞美达到最佳的效果。

雅培从小就是个爱说话且会说话的孩子,小嘴巴就像抹了蜜一样,说出来的话常常让听到的人心花怒放。最重要的是,小小年纪的雅培还很擅长赞美他人。她的观察力非常敏锐,面对不同的交谈者,能够很快抓住重点,进而把话说到对方心里。

有一年春节,妈妈带着爸爸和雅培回到娘家过年。对于这次回娘家,妈妈非常重视,早早地就准备了很多礼物,还再三叮嘱雅培见到姥姥姥爷一定要说好话。其实,雅培心里对于到底什么话才是好话并没有明确的概念,不过,她知道哪些话听了后能让人高兴。才到姥姥姥爷家里,雅培就发挥了她三寸不烂之舌的威力:"姥姥、姥爷,过年好!祝你们越活越年轻!"听到外孙女说出这样的拜年话,姥姥姥爷赶紧拿出大红包。当天中午,舅舅和小姨也来到家里团聚,雅培赶紧抱着小姨的胳膊说:"小姨,你怎么就和老妖婆一样呢?"妈妈听后,马上板起脸孔训斥雅培说话没大没小。雅培却一本正经地对妈妈说:"妈妈,你不觉得小姨是逆生长,越来越漂亮吗?小姨看起来根本不像是我的小姨,倒像是我的姐姐呢。"小姨听到雅培的话,笑得简直合不拢嘴。这时,雅培又对舅舅说:"舅舅,你一看就是大老板。等到我大学毕业,去你的公司上班,好不好?"舅舅笑着说:"当然欢迎,就凭你的口才,当总经理助理没问题。"就这样,全家人其乐融融,谈笑风生,度过了一段愉快的欢聚时光。

在这个事例中,雅培很善于因人而异地来赞美他人,所以她的话才能打动人心,得到他人的认可和赞许。

可见，赞美，必须因人而异。如果只是一味地说赞美的话，而忽略了赞美对象不同的特质，不能迎合赞美对象的心理需求，那么，赞美的效果就会大打折扣，甚至导致事与愿违。

在日常生活中，父母可以告诉孩子如何赞美他人，也可以引导孩子多多观察不同的人身上不同的特点。孩子察言观色的能力并非天生就具备，而是要在后天成长的过程中逐渐形成和提升。从不知道如何称呼不同的人，到可以根据对方的年龄、身份等来恰到好处地称呼他人，再到可以深入了解他人，从而有的放矢地赞美他人，在此期间，孩子需要付出极大的努力，也需要长期坚持练习，这样才能不断成长和进步。成长，是每个人在生命历程中必然要经历的过程，包括方方面面的进步。作为父母，要给孩子的成长以助力；作为孩子，也要把成长当作自己的责任，主动肩负起这项使命。任何时候，把话说得恰到好处都是一种能力，是让赞美发挥更好效果的一门艺术，更是值得孩子们去用心揣摩和坚持练习的。

第六章

求人办事篇：
求人办事要动之以情，晓之以理

　　一个人的能力即使再强，也不可能做到万事不求人，仅凭一己之力去解决掉遇到的所有难题。人是群居动物，每个人都要在人群中生活，每个人都少不了要与他人打交道。每当遇到难题需要求助于他人的时候，一定要掌握求助的方法。而此时合适得体的言辞能够让求助成功的概率大大提升。反之，获得帮助的可能性就会很小。

放低姿态，赢得他人同情

想要求人办事，带着高姿态显然是行不通的，因为是我们求别人办事，而不是别人求着我们帮忙。所以，在提出请求之前，我们就要端正态度，放低姿态，这样才能让自己赢得他人的同情，从而获得他人的帮助。需要注意的是，在寻求他人帮助时，要实事求是地表明自己的困难，要把自己的真诚袒露在他人面前。只有这样，才能获得他人的倾心帮助。

放低姿态绝不是自暴自弃，也不是肆无忌惮地否定自己。在人际相处中，人与人之间要想建立和谐融洽的人际关系，就要以真诚为首要原则，就要平等对待他人，也要首先尊重自己。所谓放低姿态只是向对方表明自己的困难，告诉别人自己正处于怎样的困境，因为有时候仅凭一己之力是无法获得成功的。这么做的同时，必须坚持真诚坦率的原则，必须不卑不亢。我们是赢得他人的同情，而不是要得到他人的怜悯，这是必须明白的道理，也是必须坚持的原则。

最近，陈佩因为生病，所以不得不住院一个星期。即使是已经出院了，也还需要在家里休息一个星期才能去学校，恢复正常的学习生活。为此，陈佩感到很焦虑，毕竟他已经读小学五年级了，正是学习的关键时期。如果半个月的时间都不能返回学校去上课，可想而知在学习方面自己必然会落后同学一大截。思来想去,陈佩想到了同桌阿米。阿米是班级里的学习委员,为此陈佩决定向阿米求助,让阿米为自己补课。因为学校离医院很远,所以阿米没办法在放学后去医院给陈佩补课。陈佩当然知道其中的困难,为此决定说服阿米在他出院回家之后,到家里去给自己补课。

但是,同样作为五年级的学生,阿米的学习任务也是很紧张的。如何说服阿米,陈佩必须得好好花费一番心思。陈佩给阿米打电话说:"阿米,对不起,我在学习方面可能要给班级拖后腿了。"阿米听到陈佩的话当即说:"陈佩,没关系的,等你来学校了,我会给你补课的。"陈佩为难地说:"现在课程进度这么快,我在医院里要住一个星期,出院之后还需要在家里休息一个星期。要是缺几天的课程还好,一下子缺半个月的课程,可不容易补呢。我最担心的就是自己会拉低班级的平均分,我真的恨不得马上就去学校上课,可惜身体情况不允许。我多么想和你一起坐在教室里听老师讲课啊!"在陈佩的一番分析之下,阿米意识到要想在短期内给陈佩补好课,的确很难。于是,他为难地说:"学校距离医院太远了,而且我妈妈也不允许我去医院,因为医院里毕竟有很多病菌。"陈佩感觉到阿米心动了,就赶紧说:"阿米,就算你要来医院我也不会同意,毕竟医院里有很多传染病患者。生病了来医院是没办法,你好好的干吗要来医院呢?你看这样行不行,为了减少我缺课的数量,等到我出院回到家里之后,你来家里帮我补课。这样一来也安全,二来你从学校回家的路上正好经过我家。你放心,如果天黑了,我爸妈会送你回家的,保证安全。我爸妈也很担心我的学习,毕竟我在学习上基础差,底子薄,和你比差远了,再落下这么多的课程,后果简直不敢想象。"陈佩话已至此,阿米还能怎么说呢?最后义无反顾地承担起去陈佩家里给陈佩补课的重任。

在这个事例中,陈佩之所以能够如愿以偿地说服阿米帮助自己补课,是因为陈佩先是说自己很担心给班级拖后腿,后来又说不能让阿米来医院。最重要的是，陈佩还给阿米戴了高帽子，也陈述了自己在学习上面临的巨大困难。这样一来，阿米就很同情陈佩的遭遇，作为学习委员的阿米于情于理都无法拒绝陈佩。

在成长的过程中，每个孩子都难免会遇到各种各样的困难，如果因为困难就放弃努力，或者自暴自弃，那么对于孩子而言，成长的路无疑就会变得更加艰难。在这个世界上，每个人都是普通人，而不是无所不能的神。为此，孩子要客观、公正地评价自己。知道每个人既有缺点也有优点，除了从自身角度出发要扬长避短、取长补短之外，还要学会借助他人的力量做好自己该做的事情。唯有做到学会与他人合作，才能让成长变得更加顺利、快乐，也才能让人生有更多的收获。俗话说，会说的人说得人笑，不会说的人说得人跳。孩子们要想拥有好人缘，要想与人沟通更加顺利，就要学会说话的技巧，尤其是在有求于人的时候，更是要把话说得悦耳动听，最好能够让他人主动伸出援手，这才是求人帮忙的最高境界。

赞美他人，给他人戴高帽

很多人都把求人帮忙视为一件令自己感到难为情的事情。然而，在现实生活中，偏偏每个人都少不了要求人帮忙。这是因为每个人的能力都是有限的，而且在如今的时代里更加推崇团队合作精神，再加上各行各业的分工越来越精细，为此也要求人们之间必须彼此合作，各取所长，这样才能把每一件事都做得更好。别说是成年人，就算是孩子，一旦走出家门，进入校园，也就成为群体中的一员，所以就必须要学会与老师和同学打交道。在学校里度过漫长的学习时光，孩子们难免需要同学的帮助，为此学会如何求人帮忙非常重要。

前文说过，求人帮忙时要态度诚恳地说出自己的实际困难，这样才能打动他人，赢得他人的同情。然而，为何大多数人都害怕求人帮忙呢？原因是他们总是担心自己会被对方拒绝，也害怕不能达到预期的效果。实际上，要想不遭到拒绝，使得求人帮忙这件事变得水到渠成，除了要赢得他人的同情之外，还有一个好办法，那就是多多赞美他人，给他人戴高帽子。众所周知，每个人都希望听到赞美之词，而不愿意被人批评和否定。这是人们的共同喜好和心理倾向，也是人的本能之一——趋利避害。为此，在求人帮忙的时候，可以有的放矢地赞美他人，也可以抓住各种机会给他人戴高帽子。这样一来，他人就会因为得到赞美而不好意思拒绝，说不定还会主动竭尽所能地帮忙呢。

张旭马上要代表班级参加学校举行的作文选拔赛，对此，她很紧张，不

第六章 求人办事篇：
求人办事要动之以情，晓之以理

知道自己在作文选拔赛中能否有出色的表现。随着比赛日期的临近，学校里有小道消息说作文比赛的题材是关于家乡的。一直以来，张旭都很擅长写人、记事题材的，但是对于写景状物的题材却表现平平。为此，她在听到消息之后很担心自己写不好家乡。因为太过担心，她还找到老师诉说了自己的担忧。老师安慰张旭说："没关系的，现在还不知道比赛的作文题材到底是什么呢。你只要正常做准备就行。"张旭回答老师说："老师，如果真的是写关于家乡的题材，我建议您让刘威参加，刘威很擅长写家乡。"老师笑着说："我在推荐你作为班级代表参赛的时候，其实在你和刘威之间就已经进行了权衡。刘威与你正巧是互补型的。刘威虽然擅长写家乡题材，但是对于写人、记事题材他都不如你。所以，在综合考虑之下，我觉得让你参加作文比赛获得好成绩的概率更大。既然你知道自己不太擅长写家乡题材，那你可以未雨绸缪，先去向刘威请教。通过和刘威多多交流心得，相信你的进步会很大。"张旭听了老师的一番话之后感到茅塞顿开。

周末，张旭特意去了刘威家里拜访，还给刘威带了礼物。张旭对刘威说："刘威，我听说作文比赛有可能是以家乡为题材，你可是我们班级里写家乡的大师级人物。如果真的是这个题材，我就要欲哭无泪了！所以我今天特意来向你求教，希望你能收下我这个徒弟。"对于自己没有得到机会参加作文选拔赛，刘威心中一直耿耿于怀。为此，他并不想对张旭倾囊相授，所以只是敷衍地告诉了张旭写作的要点。这个时候，张旭又说："其实，我原本想让老师帮我恶补一下关于家乡题材的写作方法，不过，老师却建议我来向你求教，还说如果我能得到你的真传，关于家乡题材的写作一定会更上一层楼。我真是太钦佩你了，要知道在整个初中阶段，关于家乡题材的作文都是难度最大的。我真是得叫你一声'老师'。"在张旭的赞美之下，刘威忍不住有点飘飘然。于是，张旭趁热打铁地说："反正我那天都和老师说了，如果这次作文比赛真的是家乡题材方面的，我能如愿获得好名次，那么最大的功劳就是你的。"这下子，刘

威毫无保留地把关于写作家乡题材的作文时应该注意的事项以及可能出彩的地方，全都告诉了张旭。经过刘威整个下午的耐心讲解，还以范文作为示例，张旭茅塞顿开。在告别刘威的时候，张旭说："刘威，从现在开始你就是我的老师啦，我觉得你比老师讲得还清楚明白呢。"

  张旭之所以能够成功取得真经，就是因为她很擅长赞美。其实，作为原本的竞争对手，刘威没有和张旭一样得到参加学校作文比赛的机会，心中是很不快的。为此，他压根不想把写作经验传授给张旭。幸好张旭懂得察言观色，丝毫不吝啬地赞美刘威，结果刘威对张旭倾囊相授，把所有的写作经验和创作心得都传授给张旭，让张旭对于家乡题材作文的创作水平提升了一大截。
  赞美之词，是每个人都愿意听到的。因此，我们在与人沟通的时候，尤其是有求于人的时候，一定要慷慨地赞美他人。这样才能打动他人，也让他人心甘情愿地帮助自己。就算是在日常沟通中，要想说得别人心花怒放，我们也要学会赞美，也要把赞美作为给他人的最好礼物，这样才能让我们的人际关系变得更加和谐融洽，也才能把话说到他人的心坎里，让交流变得更加顺畅。

即使被拒绝，也要真诚感谢

既然是求人帮助，那么就有成功的可能，也有失败的可能。作为求助者，既要想到好的一面，也要想到被拒绝的可能性。这样在面对真的被拒绝的时候，才不会感到怅然若失，更不会恼羞成怒。很多孩子脸皮薄，一旦在求助他人被拒绝之后，就会感到很丢面子，甚至因此而迁怒于他人，导致与他人关系紧张、恶劣。殊不知，这是得不偿失的行为，对于自己的成长没有任何好处，而且也不利于维系良好的人际关系。

作为父母，在引导孩子的时候，要教会他（她）怀有一颗感恩之心。能够得到别人的帮助固然值得庆幸，但如果没有得到别人的帮助也不要沮丧、绝望，更不能恼羞成怒，而应该真诚感谢并心怀感激。一个人只有拥有宽容博大的胸怀，才能更好地与他人沟通，也才能做到被他人拒绝的时候没有心理负担。否则，如果只能接受帮助，而不能忍受被拒绝，那么，渐渐地就会因为心胸狭隘而失去朋友，变得不受人欢迎。

正值暑假，读四年级的唐朝在学习上略显吃力，因此爸爸决定给唐朝提前预习一下五年级的功课。预习五年级的课程需要用到课本，唐朝想到同一个

小区的乐乐已经上完五年级,就决定向乐乐借课本。然而,乐乐却表现出很为难的样子,对唐朝说:"我的课本很重要,因为六年级下学期就要复习整个小学阶段的学习内容,需要用到。你可以去新华书店买新课本用,好吗?"唐朝觉得乐乐说得很有道理,丝毫没有感到不悦,反而安慰乐乐说:"对不起,乐乐哥哥。我忘记了你六年级时还要用到课本。这样吧,我还是去买新课本吧,如果有不懂的地方,我来你家里抄写笔记,好不好?"乐乐欣然应允。

回到家里,爸爸询问唐朝向乐乐借书的情况,唐朝告诉了爸爸其始末。爸爸也一拍脑门说:"哎呀,咱们还真是忘记了六年级复习时要用到所有课本,让乐乐为难了。"过了一会儿,爸爸问唐朝:"你怪乐乐吗?"唐朝摇摇头,说:"那是乐乐哥哥的课本,他可以借,也可以不借。而且,他自己还要用到这些课本呢。"爸爸听后,由衷地对唐朝竖起大拇指,说:"没错,你说得很对。我们既然有求于人,不管是否能得到他人的帮助,都要真诚地感谢他人。"唐朝点点头。

在现实生活中,并非每个人都能做到和唐朝及其爸爸一样宽容和明事理。相反,有些人在求助于人的时候一旦被拒绝,就会马上感到不快,甚至为此而怨恨他人。不得不说,怨恨就像是我们心中的一颗毒瘤,不但会让我们心情不快,而且也会因此给他人带来烦恼。任何时候,我们都要学会理解他人,不管是否得到他人的帮助,都要真诚地感谢他人,毕竟他人曾给了我们希望。此外,还要多多体谅他人。很多人在帮助他人时,往往都会觉得心有余而力不足,或者还会有其他的原因,为此不要去强求他人一定要帮助我们。

在现代社会中,很多孩子都是独生子女,从小习惯了父母对自己无微不至的照顾，不管有什么愿望，也总是会得到满足。渐渐地，孩子们就会形成以自我为中心的坏习惯，总是唯我独尊，处处都把自己的需求放在第一位。孩子在家庭生活中也许会得到家人的包容和忍让，一旦进入社会，就会无法得到每个人的谦让。为此，父母要从小引导孩子心中要有他人，学会设身处地地为他人着想。这样孩子才会心怀感恩，也才能更好地理解和尊重他人。

儿童口才艺术与沟通技巧

认可他人，让他人无法拒绝

当有求于人的时候，我们首先要做到的就是认可他人。尊重和认可他人，他人才会愿意帮助我们，否则，我们将无法得到他人的帮助。

那么，何为认可呢？真正的认可，就是要接纳他人。不管是他人的优点还是缺点，我们都要全盘接纳，这样才是真正的理解与包容。得到认可的人，会觉得自己是被尊重的，也是被接纳的，为此会更具有力量，内心深处也会感到更充实，精神更振奋。遗憾的是，很多孩子都喜欢争强好胜，很少能做到去主动认可他人，而是常常在与他人沟通的过程中，想要更多地呈现自己，有时还会逞一时之强。这样的争强好胜，使得孩子们之间的人际关系紧张，也会导致孩子们彼此言语不和。擅长沟通的孩子，在向他人求助的时候，绝不会心不甘情不愿，而是会积极地认可他人，给予他人足够的尊重，也会真正发自内心地去平等对待他人。这样一来，他们求助成功的可能性就会大大提升，各种难题也就会得到圆满的解决。

很快就要全区统考了，杰米的数学成绩不好，很担心自己会给班级拖后腿，因而心急如焚。数学老师工作很忙，课后要备课、批改作业，下班还要回家照顾孩子，根本没有那么多时间帮助杰米答疑解惑。有一天放学，杰米拿着难题去问老师，老师急急忙忙讲给杰米听之后，对杰米说："刘云的数学很好，你可以多多向刘云请教。"说完，老师急匆匆地走了，杰米暗暗想道："我和刘

第六章 求人办事篇：
求人办事要动之以情，晓之以理

云不熟悉，她怎么愿意帮助我呢？"从学校回到家里，杰米一直在琢磨请教刘云的事情，幸亏他的情商还是很高的，很快就想出一个好办法。

次日到了学校，杰米看到刘云正在认真地钻研一道数学题，忍不住对刘云竖起大拇指，真诚点赞："刘云，你可真是天生的数学脑袋，这种级别的难题，在整个年级里，估计只有你能搞定。最重要的是，你这么优秀，还这么勤奋，这可让我们这些数学落后分子怎么活呀！"刘云得到赞美，忍不住笑起来，马上摆出一副高姿态："没关系的，你有不会的题目可以来问我。"杰米正等着这句话呢，当即和刘云确定："真的吗？你愿意讲给我听吗？"刘云点点头，说："谁让咱们是同学呢！"杰米趁热打铁，赶在早自习开始之前，问了刘云一道难题。后来，杰米每当有不会的题目就问刘云，当然，刘云讲解题目口干舌燥，杰米也没闲着，时不时地就会说些赞美刘云的话，把刘云说得心花怒放。

在这个事例中，刘云虽然和杰米不熟悉，但是得到杰米由衷的认可和真诚的赞美时，她还是很高兴，很开心，也为此对杰米留下好印象。每个人都喜欢被认可、被肯定，也都希望自己能够得到赞美。当然，赞美有很多种方式，要根据不同的沟通对象，因人而异，这样才能有的放矢，让赞美起到最佳的效果。

孩子们在成长的过程中，需要持续学习和进步。学会说话，对于孩子们而言，是一项很艰巨的任务。然而，孩子们说话的水平并不能一下子就获得提升，父母要从小引导孩子学会发掘他人的优势和闪光点，从而引导孩子真诚地认可和接纳他人。作为孩子，也要有意识地提升自己的语言表达和沟通能力，学会欣赏他人。渐渐地，孩子们就学会了真心赞赏他人，语言表达能力会变得越来越强，在人际交往方面也会获得大的进步。

求人,却不要使人为难

求人办事,是很多人都要面对和经历的。作为孩子,因为自身能力有限,又缺乏人生经验,为此常常会面对很多难题,也会遭遇很多艰难的处境。为此,孩子求助于他人更是常态。在求人帮助的时候,不但要注意前面几节所讲的各种事项,还要坚持一个原则,那就是不使别人为难,即不给别人添麻烦。如此,才能够得到他人的慷慨相助。

在求人办事的过程中,必须要在真正开口之前进行权衡。很多孩子因为从小就习惯了接受父母无微不至的照顾,为此,在不知不觉间就形成了以自我为中心的错误想法,即便有朝一日踏入社会,也依然觉得所有人都应该围绕自己转。不得不说,这是非常错误的想法。因为在这个世界上,没有人会像父母一样对孩子有求必应,也没有人会像父母一样对孩子无私付出。作为孩子,在向他人求助的时候,一定要先想一想自己的求助是否会给他人带来麻烦,又是否会使他人感到为难。如果是,就不要轻易把求助的话说出口。如果你的求助是他人轻轻松松就能做到的,那么可以开口,但是千万记得要真诚地感谢。

没有谁必须帮助谁,人与人之间是需要相互付出的。在孩子小的时候,父母会对孩子无私付出,随着孩子不断成长,父母与孩子之间也同样需要互相学习如何更好地相处,这样才能有更加良好的亲子关系,也才能有更和谐融洽

第六章 求人办事篇：
求人办事要动之以情，晓之以理

的感情。

期末考试在即，作为好朋友的安琪却与年年闹起了别扭。这是怎么回事呢？原来，安琪地学习成绩在班级里属于中等水平，而年年却是不折不扣的学霸。安琪除了一年级，从来没有得到过三好学生奖状，眼下五年级即将结束，安琪最大的愿望就是能够得到三好学生奖状。安琪很清楚，以自己不上不下的成绩，必须进入班级前十名，才有机会被评选为三好学生。但是，距离期末考试只有一个星期，她就算搭载火箭也没法进步这么快啊！思来想去，安琪把注意力转移到好朋友兼同桌年年的身上。安琪央求年年："考试的时候，你别盖得那么严实，把你的试卷给我看看，让我抄几道分值大的题目，好不好？"年年很为难："老师要求必须用白纸把试卷的完成部分遮挡起来的呀！"安琪撒娇道："好年年，你趁着老师不注意，露出来给我看看嘛！"年年提醒安琪："配合作弊，也是要和作弊一样算作零分的，你这可是害我啊！"安琪心存侥幸："没关系的，就那么一下下，老师不会发现的。救救我吧，亲爱的年年，我真的很想当三好学生！"年年不知道该说什么，只好含糊其辞："你认真复习，到时候看情况吧！"

考试当天，年年把试卷遮挡得严严实实，尽管安琪一直假装咳嗽，还在桌子下面踢年年的脚，安琪都不为所动。结果，安琪的考试成绩依然是中等水平，甚至因为没有专心考试而有所下降。安琪气愤不已，当即表示要和年年绝交，回到家里，还把年年不够意思的行为告诉了妈妈。妈妈语重心长对安琪说："安琪，求人办事，不能强人所难。年年如果帮了你，会导致自己考试分心不说，还有可能被老师抓到受到牵连，最重要的是这不是帮你，而是害了你啊！未来，你还会参加很多场考试，难道都要借助于弄虚作假取胜吗？"听了妈妈的话，安琪羞愧地低下头。

　　每个人都有自己为人处世的原则,一定要笃定坚守自己的原则和底线,做好自己。在求人帮助的时候,孩子们一定要有所权衡,而不要无所顾忌地对他人说出不情之请。所谓帮忙,其实分为很多种,有的帮忙是倾尽全力,有的帮忙是蜻蜓点水,有的帮忙是敷衍了事,有的帮忙则是真心诚意……然而,不管是哪一种帮忙,都不要为难他人,更不要明知是不情之请还要提出来。否则,就会给人留下不好的印象,也会让帮忙这件事变了味儿。

　　既然求助于人的时候害怕被拒绝,那么我们在寻求他人帮助的时候,首先就要权衡自己要提出的请求是否合情合理,同时也要想一想提出请求的时机是否合适。只有把很多问题想在前面,在求助于人的时候才能降低被拒绝的概率,从而使得自己的请求有更大的机会获得成功。

第七章

自信社交篇：把话说好，友谊才能水到渠成

自信是孩子成长的翅膀，孩子只有拥有自信，才能在成长的过程中有更好的表现。否则，如果不管做什么事情都胆小怯懦、畏畏缩缩，那么他们就会逐渐迷失自我，也无法健康地成长和获得好的发展。尤其是在人际交往和沟通过程中，孩子们更是要扬起自信的风帆，让自己努力勇敢地向前。很多时候，想要完成那些看似艰难的事情，只要勇敢地迈出第一步，事情就会顺利发展下去，从而获得更大的成功。

第七章 自信社交篇：
把话说好，友谊才能水到渠成

勇敢搭讪，迈出交往的第一步

我们知道，很多胆小内向的孩子都会有一个共同的特点，那就是在面对陌生人的时候往往表现得很尴尬，尤其是当需要与陌生人结识的时候，如何说出第一句话的第一个字，则更让他们感到抓狂。实际上，对于孩子们而言，社交并不是最难的，最难的是让他们迈过自己心中的那道坎儿。只有迈出了心中的那道坎儿，人们才能勇敢地展开社交，才能把陌生人变成自己的朋友，才能让彼此之间变得越来越熟悉，感情变得越来越亲密和深厚。

如何才能做到与陌生人勇敢搭讪呢？在孩子们还没有正式和陌生人打交道之前，他们的话如鲠在喉，根本说不出来，也张不开口。实际上，只要能够勇敢地迈出第一步，把第一句话顺利地说出来，就会发现和人沟通并没有想象中的那么难。不可否认，有相当一部分孩子都患有社交恐惧症。其实真正局限他们的是内向、胆怯、害羞等负面情绪。为此，孩子们必须打破自己心中那些负面情绪的囚牢，摆脱内心对自己的限制和禁锢，才能释放自己，让自己获得真正的自由和广阔的交往天空。

马上就要过春节了，妈妈带着九岁的小美乘坐飞机去姥姥家里过年。在飞机上，小美觉得很无聊。正在此时，她发现后排的座位上坐着一个小女孩，年龄和自己差不多大。小美很想和小女孩一起玩，于是就问妈妈她能否和小女孩坐在并排的座位上。妈妈回答："当然可以。不过，你要先结识这个女孩，

再和女孩的妈妈申请换座位,好吗?"这对于平日里非常内向的小美来说无疑是一个巨大的挑战。小美在内心里很想结交新朋友,但是却不想主动开口搭讪,她多么希望那个女孩能够找她说话啊!然而小女孩正津津有味地看着动画片,似乎从未发现小美的存在。小美无奈地意识到,自己如果想交朋友,那么只能自己先主动去跟对方搭讪。

小美几次回头去看女孩,都没有得到女孩的关注。因为她捕捉不到女孩的眼神,所以无法以眼神传递自己的心意,最后只好对女孩说:"嗨,你在干什么呢?"女孩抬起头四顾茫然,不知道小美是在和自己说话。借此机会,小美赶紧说:"我是在问你呢!我可以和你一起玩吗?"孩子的天性就是爱玩,而且是和同龄孩子在一起玩。女孩听后赶紧点点头,指着小美问妈妈:"妈妈,您可以和那个女孩换下座位吗?我想和她一起做游戏。"妈妈想了想,说:"果果,我觉得你和那个女孩的妈妈换下座位比较好,这样你们可以坐在妈妈们的前面,方便得到照顾和监护。"那位叫果果的女孩觉得妈妈说得很有道理,因而和小美的妈妈说:"阿姨,我可以和您换下座位吗?我们坐在前面,您和我的妈妈坐在后面,这样你们就可以看着我们啦。"就这样,果果和小美妈妈换了座位。在后来的长达两个多小时的旅程中,小美和果果玩得很开心。

试想一下,如果小美不能勇敢地和那个女孩搭讪,那么整个旅程就会很枯燥乏味,时间也会变得非常难熬。正是因为小美勇敢地伸出了橄榄枝,结交了一个新朋友,所以她才能有一个快乐的、充满趣味的旅途,还多了一个朋友。

很多孩子因为从小就被父母无微不至地照顾,所以会在不知不觉间形成依赖。然而,父母即使再爱孩子,也不可能始终陪伴在孩子身边,更不可能代替孩子去做每一件事情。因为孩子终究要长大,而且要离开父母的身边独自生活,为此明智的父母从小就会培养孩子独立生活的能力,让其得到全方位发展。这样一来,孩子就会具备更强的社交能力,就能结交更多的朋友,自然会在友谊的滋养下更加快乐地健康成长!

首因效应，说好第一句话至关重要

在心理学领域，有一个理论叫"首因效应"，就是说陌生人在初次相识时，彼此之间的第一印象会起到很大的作用。孩子们要想拥有良好的人际关系，或者在和陌生人初次相识的时候有一个好的开始，就要努力说好第一句话，这样才能顺利打开他人的心扉，也才能得到他人的认可与接纳。可想而知，有了尊重、理解和平等对待作为基础，孩子们之间的相处必然会很和谐。

那么，如何才能说好第一句话呢？如果是和熟悉的朋友进行沟通，说好第一句话的可能性就大大增强。因为孩子们很了解自己的朋友，也知道自己朋友的脾气秉性和喜好。反之，如果是和陌生人进行沟通，则说好第一句话的难度就会很大，这是因为彼此陌生的孩子们互不了解，更不知道对方的需求和喜好，常常会因为说错第一句话而在不知不觉间得罪人。为了让人际沟通更加顺利，因此在和陌生孩子沟通之前，在条件允许的情况下，应该尽量地了解对方的脾气秉性及兴趣爱好，以便在接下来的交流中能投其所好。试想如果孩子们所说出的第一句话就能打动人心，那么肯定会得到对方的尊重和认可，彼此之间的相处自然也会变得水到渠成，会更加和谐友好。

如果第一次见面很突然，没有任何的准备，那么此时就要把握好一个原则，即不卑不亢。在任何情况下，不卑不亢都是无可挑剔的态度。对于

还不熟悉的人,我们无须过分热情,也不要刻意疏远。只有给予对方更多的尊重、理解和真诚,才能与对方建立良好的关系,也才能赢得对方的尊重、认可和理解。毫无疑问,这些正是人与人之间是否能长久地相处下去的基础。

学校里要筹备广播台,刘凯投递了简历,也参加了面试,但是却杳无音信,再也没有得到任何消息。对此,刘凯感到很纳闷,不知道为何会这样。有一次,刘凯和同学在一起吃饭,说起自己面试的奇怪事情,同学问刘凯:"你的面试开场白如何?"刘凯说:"面试开场白,当然就是介绍自己啊。不过,我觉得平淡的介绍不能给人留下印象,所以就把自我介绍进行了改良——很荣幸认识在座的各位,也希望我们很快能成为广播台的一员,并肩作战……""停!"同学对刘凯说,"你就是这么说第一句话的吗?"刘凯点点头,同学说:"你这样会给人以狂妄自大的印象,知道吗?现在大家都不怕新人没自信,就怕新人太自信,他们更喜欢脚踏实地的人才。我建议你把开场白改一改,说不定就会起到良好的效果。"

在同学的建议下,刘凯果然把开场白改了,就是很平实的话,踏踏实实的。出乎刘凯的预料,在再次参加面试之后,他居然得到了广播台的聘用通知。他喜出望外,赶紧请同学吃大餐。同学恭喜刘凯之后笑着说:"我很好奇你把开场白改成什么样子了。"刘凯说:"我是刘凯,我想应聘广播员的职务,因为我很喜欢播音,也喜欢演讲……"同学忍不住点头,说:"这样的朴素语言和实在介绍,会给人留下很好的印象,使他们觉得你的每一句话都有据可循,都是实实在在的,没有水分,也没有哗众取宠。"刘凯感谢同学,说:"幸亏你的提醒,我才把精心设计的开场白改了。后来想想也是,当人人都说话言不由衷的时候,实实在在的话反而更能给人耳目一新的感觉。"

不但在面试的时候需要慎重设计好开场白的第一句话,在人际相处中,孩子们也需要把第一句话说好。俗话说,有好的开始才有好的结束,如果一开始就很失败，则哪怕非常努力，也未必会有好的结束。有的时候，孩子不知道应该先说出哪一句话，在这种情况下，可以询问爸爸妈妈的意见，或者把自己想说的话先说给爸爸妈妈听一听。在全家人的齐心协力之下，孩子们一定会有更好的社交表现和更强大的语言表达力。

战胜自己,才能妙语连珠

细心的朋友会发现,一个人在表达的时候如果感到紧张,那说起话来就会结结巴巴的,甚至还会因为过度紧张而使得头脑中一片空白,压根不知道接下来应该说些什么。对于孩子而言,其心智发育原本就不成熟,又因为缺乏人生经验,所以孩子们一旦开始紧张,更会不知所措,不知道应该说些什么才好。正如一位名人所说的,每个人最大的敌人就是自己。只有不断地突破和超越自己,让自己变得更加坚强和无所畏惧,才能真正突破内心的局限,让自己获得长久的进步和发展。

当然,战胜自己并不那么容易。古人云,"不识庐山真面目,只缘身在此山中"。每个人都在近距离接触自己,因而必须从自身跳脱出去,才能认识自己。否则,如果总是局限在自身的条件之下,则无论多么努力,也无法透彻了解自己。因此,要想战胜自己,就要树立信心,就要对自己有客观、公正的认知和评价,还要让自己变得勇敢坚强。要知道,这个世界上从未有一蹴而就的成功。任何人走向通往成功的道路都会经历各种坎坷和磨难,孩子也不例外。命运从不会因为孩子年纪小,就对孩子有所偏袒,也不会因为孩子可爱,就对孩子更加仁慈。作为孩子,只有努力突破自己,才能让自己不断进步,也才能让自己对未来充满信心。

在与陌生人相处和沟通的时候,孩子要想让自己变得更勇敢,能真正敞开心扉与陌生人相处,首先就要做到让自己的内心淡定从容。有些孩子很容易紧张,也有些孩子会感到深深的恐惧,只有自己的情绪恢复平静了,才能激发自身的潜能。所谓心有多大,舞台就有多大。这也告诉孩子必须内心坦荡,才能拥有更为广阔的成长空间和自由天地。当然,在人际相处中,只有战胜自己的孩子才能站得更高,看得更远,也才能把话说得妙趣横生,激起对方继续沟通的兴致。

小宇是一个性格很内向的孩子,每次见到陌生人的时候,他总是紧张得说不出话来。小时候,爸爸妈妈总觉得小宇长大一些就会变好了。小宇已经小学毕业,马上就要成为初一新生了,但还是那个见人就脸红的男孩,不但不敢与陌生人相处,而且几乎没有朋友。看到小宇这样,爸爸妈妈都很着急、担心。如何才能让小宇更好地做自己呢?妈妈想了很多办法,也给小宇提供了一些机会,让小宇与更多人相处,然而收效甚微。

初一报到的那天,小宇坐在教室的一个角落里。在第一次班会上,老师提议让同学们轮流进行自我介绍,这可把小宇吓坏了,因为他不敢当着所有同学的面讲话。然而,很快就要轮到小宇了,小宇避之不及,在前一个同学发言的时候,只得告诉自己:既然伸头也是一刀,缩头也是一刀,那么还不如拼尽全力去做到更好呢。别人都能说,我为什么不能?在给自己大量的心理暗示之后,小宇突然间有了勇气,带着破釜沉舟的决心,在进行自我介绍的时候,小宇先是以颤抖的声音作为开始,说了几句话之后,小宇突然间放松下来,妙语连珠,说得也非常流畅。有了这次经历之后,小宇再也不害怕当众发言了。他意识到当众发言并不像想象中的那么可怕,只要努力突破,就可以做到最好。

人人都有极限,一旦突破极限,就会让自身的能力得到快速的增长和发展,也会从此上升到一个崭新的水平。为此,对于木讷寡言、不善交际的孩子

而言,最重要的不是勤学苦练说话的技巧,而是要逼着自己勇敢走出沟通的第一步。万事开头难。很多时候,这个头儿开起来并没有我们想象中的那么难。最重要的是,我们必须要做到坚定不移、勇往直前。我们知道,孩子在人生中需要学习和提升的方面有很多,作为父母,更要有远见卓识,如此才能真正引导和帮助孩子。

当然,要想妙语连珠,只是战胜自己还远远不够。人们常说,茶壶里煮饺子倒不出来,而有的人肚子里根本没有"饺子",那就算是一口大锅,又有什么东西可以倒出来呢?所以,孩子们要想妙语连珠,还要在日常生活中多多积累,不断地历练,这样才能由量变引起质变,最终从不善言辞到出口成章。

真诚的你，才能得到真诚对待

你知道人际交往的基础是什么吗？有人说是尊重，有人说是平等，也有人说是公平。实际上，这些都是人际相处的要素之一，但都无法涵盖人际相处的至高原则。对于人与人之间的交际而言，最重要的是真诚。唯有以真诚作为交往的前提，才能让交往顺利展开，也唯有以真诚对待他人，才能得到他人的真诚对待。

孩子们还小，心智发育还不成熟，人生经验比较匮乏，这些看起来都是弱势，而实际上恰恰是这些"弱势"，才使孩子们保有发自内心的真诚与友善。有人说，孩子的眼睛闪耀着这个世界上最真诚的光芒。的确如此，孩子们都有一颗赤子之心。不管面对怎样的生活，他们都能始终保持单纯、真挚，也不管接触的是个怎样的人，他们也总是满怀真诚。为此，大多数人都会被孩子的真诚打动，他们不忍心去伤害孩子，更不舍得辜负孩子。因为他们最怕看见的是孩子失望的眼神，所以每当面对孩子的时候，人们总是发自内心地想要保护和呵护孩子。由此可见，唯有以真心才能换真心，也唯有以真诚才能得到真诚相待。

最近，皮皮爸爸因为工作调动，所以带着全家从熟悉的城市搬到了一个陌生的城市定居和生活。为此，皮皮也不得不转学，离开已经熟悉和了解的同

学们，进入了陌生的学校。对于三年级的孩子而言，此时正处于成长叛逆期，性格原本就很敏感、倔强，在这个阶段又不得不接受新学校，认识新同学和新老师，这些对于皮皮而言是很难接受的。每当看到同学们在一起窃窃私语的时候，形只影单的皮皮就会觉得同学们是在议论他。为此，他感到很难过，也常常产生一种想要和那些在背后说他"坏话"的同学拼一场的冲动。

渐渐地，原本外向乐观的皮皮变得越来越内向、沉默。看到皮皮的变化，爸爸妈妈都很着急，但是他们不知道应该如何帮助皮皮。有一天放学后，皮皮发现同学王杰正蹲在路边，他原本想绕道而行，但看到王杰脸上痛苦的表情，最终还是决定过去问问王杰发生了什么事情。原来，王杰在回家的路上突然感到肚子疼，又因为没有手机无法联系家人，只好蹲在路边痛苦地呻吟。皮皮问清楚原因后马上拨通了妈妈的电话，妈妈让皮皮先拨打120，然后陪着王杰一起去附近的医院，而后皮皮又通过查询班级通信录找到了王杰爸爸的电话。等到王杰爸爸赶到医院的时候，皮皮已经陪着王杰到了医院。这期间，为了减轻王杰的疼痛感，皮皮还一直握着王杰的手。自从发生了这件事情之后，王杰和皮皮成了好朋友，他始终都记得皮皮在他需要帮助的时候紧握着他的手的温暖情景。

很多时候，行动就是无声的语言，它可以表达出我们的真诚和友善。孩子虽然还小，但是他们的感情非常细腻，也很敏感。当他们以真诚对待小伙伴时，就会得到小伙伴的真诚对待，彼此之间的情谊自然可以持续发展。

真正的朋友，即使没有太多的语言沟通，也可以做到心有灵犀。其实，不管对于熟悉的朋友，还是初次相识的陌生人，真诚都是最好的语言，也是最有力的感情黏合剂。任何时候，孩子都要真诚地对待他人。只有先做好自己，才能结交到真诚的朋友，进而获得他人的真诚相待。

给自己打气，让自己勇敢无畏

从心理学的角度而言，暗示是一种非常强大的心理力量。它可以让我们自己给自己鼓劲，也可以帮助我们打破内心的囚牢，获得更大的成长空间和更多的成长机会。尤其是孩子们，因为自我认知能力还不够完善，为此常常不能客观、公正地评价自己，一旦遇到难题，就会否定自己，或者对于自己的表现很不满意。在这种情况下，他们或许会向父母寻求帮助，把父母的评价作为自我评价。当然，这么做也是要冒极大风险的，因为未必每个父母都能够正确地评价孩子。如果父母对孩子的评价过高，就会导致孩子狂妄自大；而如果父母对孩子的评价过低，则会导致孩子妄自菲薄，不管做什么事情都没有勇气和信心，更不能做到勇敢、坚定地无畏前行。

明智的父母会引导孩子评价自己。当孩子做错事情或者走了弯路的时候，他们不会一味地批评和否定孩子，而是会坚持给予孩子正向的引导和帮助。诸如告诉孩子人非圣贤，每个人都会犯错误，只要能够不断地反省自己，并坚持进取，就会获得莫大的进步。此外，父母还可以教会孩子多给自己积极的心理暗示。这样一来，孩子就可以从自身得到积极的力量，也会变得更加坚强勇敢，哪怕遭遇人生的坎坷挫折，孩子们也不会轻易放弃，反而会勇敢无畏地砥砺前行。

马上就要上台进行演讲了，可是小梦的心中却在不停地打鼓。此时此刻，

她最想做的事情就是马上找个地缝钻进去,或者是能上九霄云天也行啊,总而言之,只要能避开这次演讲就行。然而,时间一分一秒地过去,小梦无处可逃,看来她只能硬着头皮上了。这个时候,她突然想起妈妈曾经告诉她的积极自我暗示法。于是,她立即努力让自己平静下来,尝试着告诉自己:我是最棒的,我是最棒的,我是最棒的!哎呀,好像有点儿效果,不过小梦还不确定。为此,她决定找个没人的地方好好鼓励一下自己。

小梦来到了学校礼堂后面的一个角落里,她对着一棵大树喊道:"周小梦,你是最棒的,你一定能行,一定能行!"这么喊着,小梦真的觉得自己一定能行,并感觉自己越来越有力量。最终,小梦找回了些许自信。她继续安慰自己:多少同学想得到这样当众演讲的机会却不能如愿,现在我有机会当众演讲,为何要放弃呢?我必须好好表现,即使拿不到名次,也可以把这次演讲作为锻炼自己的好机会,最起码可以提升自己的胆量。这样想着,小梦心中释然了。她觉得自己能接受任何结果。抱定这样的想法后,当轮到小梦演讲时,她的心态反而很放松。结果,小梦在演讲比赛中获得了三等奖。

积极的自我暗示,会给予人强大的力量,尤其是在缺乏自信的情况下,积极的自我暗示更是会让人从不自信到充满信心。这样一来,当然就会生出自信的翅膀,也会有更出色的表现。对于孩子们而言,他们更容易缺乏自信,因为他们很少有机会去证明自己的实力。既然如此,在紧要关头就要多多鼓励和认可自己,从而让自己找到自信,勇往直前。

在这个世界上,凡事皆有两面性。任何事情,都是既有可能成功,也有可能失败,这个规律同样适用于孩子。有些孩子总是非常悲观,不管做什么事情都会否定自己,认为自己能力不足。实际上,这是孩子的软弱之处,也是孩子还不能客观评价自己的表现。为此,父母要多多鼓励孩子,让孩子知道自己的优势和长处,这样孩子才会拥有自信,也才会积极地鼓励自己,让自己变得勇敢无畏。

第八章

顺畅沟通篇：
搭建心与心的桥梁，让心与心友好交融

人与人之间的相处，要依靠沟通来进行。只有在沟通顺畅的前提下，心与心之间才能搭建起桥梁，人与人之间的感情才会更加和谐融洽。孩子们要想与他人顺畅沟通，就一定要真诚对待他人，要学会设身处地地为他人着想，这样才能与他人之间建立和谐融洽的关系，才能让自己与他人之间的友谊变得更加深厚。

倾听，是沟通的基础

很多人误以为，沟通就是要努力表达，口若悬河。实际上，真正好的沟通并不是抢着表达，而是要认真倾听，是建立在倾听的基础上的沟通。从本质上而言，沟通是信息的传递和交流，为此是需要双向互动的。如果沟通变成单向的表达，那么就无法起到预期的效果。最重要的是先倾听他人的心声，了解他人真正想要表达的意思，这样才能了解他人，以便更好地与他人互动。如果不倾听他人的心声，就迫不及待地表达自己，则往往会起到事与愿违的效果。孩子们要想与他人展开沟通，就要先学会认真倾听，用心倾听，这样才能了解他人内心的真正想法，也才能与他人之间展开真正的交流。

遗憾的是，在人际相处中，有些孩子总是迫不及待地想要表达自己，他们根本不知道交谈对象的心中到底是怎么想的，就急于说出自己的话，殊不知，这样非但不利于建立良好的人际关系和顺畅的沟通渠道，反而常常会因为误解而导致事与愿违。懂得沟通的孩子们会先倾听，然后再建立健康的沟通渠道和良好的人际关系，从而使得人际交往更加顺利。

作为日本的经营之神，松下幸之助纵横驰骋商海多年，做出了非常优秀的成绩。所以，有很多人慕名而来，想要向松下幸之助取经。原本人们以为松下幸之助肯定会有长篇大论要倾囊相授，没想到他以一句话就概括了自己商业成功的秘诀，那就是要学会倾听，积极采纳他人的意见。的确，松下幸之助是

很善于倾听的，哪怕是对于那些慕名前来的拜访者，他也总是非常谦虚，认真倾听。在倾听的过程中，松下幸之助还会适时给予回应，或者以恰到好处的言辞给予他人积极的反馈。

松下幸之助不仅在对待来访者的时候善于倾听，而且在工作中也总是从谏如流。他从来不会搞"一言堂"，也从不觉得自己的水平一定比他人更高。为此，每当在工作中遇到困难的时候，他都会积极地倾听合作伙伴、下属等的意见。渐渐地，他变得越来越受人欢迎，加上他在工作上能集思广益，所以使得自己的企业发展变得更加顺利。

古今中外，有很多伟大的、有所成就的人，都很善于倾听。例如美国前副总统豪斯先生，就很善于倾听。在中国，唐太宗李世民之所以能够开创"贞观之治"的盛世局面，就是因为他善于倾听谏臣的意见，能够做到从谏如流。可见，一个人越是善于倾听，就越会在人际关系中有良好的表现，也就能够拥有好人缘。对于一个倾诉者而言，最好的礼物就是用心地倾听。因为倾听不但能够了解他人更多的信息，而且也是对他人尊重的表现。作为孩子，要想与他人更好地沟通，就要以倾听作为良好互动关系的开始，以此奠定和谐相处的基础，从而在人际关系中有更好的表现。

记住，沟通从不取决于一个人是否能口若悬河，而是在于一个人能否认真地倾听。任何时候，倾听都会在第一时间帮助我们给他人留下好印象。既然如此，为何不能做到认真用心地倾听呢？只要真诚倾听，就可以与他人友好地沟通；只要保持内心谦逊，尊重他人，就能够与他人建立良好的关系。作为孩子，正处于人生成长和进步的关键时期，更应该以谦逊的态度对待他人，虚心进取，以倾听的方式多多了解他人，为能与他人之间顺畅地沟通打下良好的基础。

说得好不如说得巧

俗话说，会说的人说得人笑，不会说的人说得人跳。同样一句话由不同的人来说，或者由同一个人用不同的方式去说，就会起到不同的效果。因此，不管是成人还是孩子，在真正表达之前都要谨慎思考，以让表达起到积极的作用。尤其是孩子正处于成长和发展的关键时期，因此更要学会用心表达，把话说得恰到好处，这样才能达到最佳的效果。

凡事都讲究时机，说话也是如此。其实，说话不但要把握时机，还要找到最适宜的方式，这样才能达到事半功倍的效果。否则，即便出发点是好的，如果说话的方式方法不对，那也只会让事情变得更加被动和糟糕。古人云，谨言慎行，也有人说祸从口出，都是有道理的。因此，作为孩子，掌握说话的技巧是很重要的一种能力。只有选择对的方式、方法，才能让沟通变得事半功倍。

春节期间，爸爸妈妈带着静静姐姐和小安弟弟去邻居大伯家拜年。大伯一看到是静静和小安，就眉开眼笑地说："宝贝们，快点儿给大伯磕头拜年，给你们压岁钱哦。"静静已经十四岁了，听了大伯的话有些害羞，吞吞吐吐地小声对大伯说："我可不要给您磕头，我也不要您的压岁钱。"听了静静的话，大伯脸上的笑容立刻变得有些尴尬，只好笑呵呵地继续对静静说："那……如果你不要压岁钱，那我可要都给小安啦。"

小安虽然比姐姐小四岁,但他却当即接过大伯手中递过来的压岁钱,说:"磕头就磕头,今天爸妈带我们过来就是给您磕头拜年的啊,那我也代替姐姐给您磕头拜年喽。"听到小安这么说,爸爸妈妈和大伯全都笑起来,此前的小尴尬也一扫而光。在接下来的一整天的时间里,两家人都相处得很愉快,彼此之间的关系也变得亲近了很多。

因为害羞,静静不愿意给大伯磕头,更不愿意为了得到压岁钱而磕头。这当然不是因为静静和大伯不亲近,只是因为静静抹不开面子。不过,静静已经十四岁了,口不择言地说出来的话的确让大伯感到很尴尬。幸好这个时候小安恰到好处地说出那番话,不仅给大伯解了围,也让爸爸妈妈不再尴尬,并且让气氛变得很和谐融洽。不管小安这番话是有意识、有目的地说出来的,还是灵机一动顺口说出来的,都非常巧妙,也起到了最佳的沟通效果。在很多的人际交往场合,说得好不如说得巧。因为把话说得巧妙,可以瞬间消融冰雪,让人与人之间的关系春暖花开。

孩子们在成长过程中总是会遇到各种难题,甚至有可能陷入尴尬的境遇。在这样的情况下,切勿恼羞成怒,否则只会使自己和他人都陷入进退两难的境地。明智的做法是运用充满智慧的语言,调动灵活的心思,积极、准确地给予他人有力的回答和反击。这样一来,不但给了他人台阶下,也能够委婉地表达自己的意思,既保全双方的颜面,又使得问题得以圆满解决,可谓是一举数得。当然,作为孩子要想熟练运用这个技巧,把话说得恰到好处,并不是轻而易举就能够实现的。必须在沟通的过程中,多多开动脑筋进行思考,多方面考虑问题,让语言表达得恰到好处。

第八章 顺畅沟通篇：
搭建心与心的桥梁，让心与心友好交融

一见如故使得陌生人也能相谈甚欢

很多细心的人会发现，总有些人在人际交往方面有着独特的能力，哪怕是面对陌生人，也能在很短的时间内与对方相谈甚欢，这是为什么呢？在通常情况下，陌生人见面要想做到彼此倾心交谈，瞬间就拉近彼此的关系，是很难的。为何偏偏有些人"自来熟"，不管和谁都能聊得来，而且似乎天生就有一种本领，能把很多事情都协调和沟通好呢？就是因为他们很擅长搭讪，也很擅长和他人套近乎，为此才能与陌生人一见如故，让人际关系变得更加和谐融洽。

所谓一见如故，难道真的是曾经认识吗？当然不是。既然像故人，就说明彼此之间并不是真正的故人。那么，到底是说了些什么，才能让彼此的关系瞬间变得亲近和亲密起来呢？从人际交往的角度而言，这是有技巧的，尤其需要具备沟通的技巧。比如，可以说一些对方感兴趣的话题，也可以找到彼此的共同点，这些因素都能在最短时间内拉近与他人之间的关系，使得交谈的双方心理距离迅速缩短。

李楠就读于私立初中，班级里没有他在小学阶段的同学。面对陌生的老师和同学，他常常觉得自己像个局外人一样被冷落。思来想去，他决定结交几

个朋友,改变自己在班级里的尴尬处境。那么如何和同学们套近乎呢?李楠苦苦思索。

一个偶然的机会,李楠得知有个同学和他是老乡,也就是说他们的老家都在湖北武汉。李楠如获至宝,当即问那个同学:"嘿,老乡,听说你也是武汉人。那你为何来到南京生活呢?我家也是武汉的,说不定咱们在武汉还碰到过呢。"那位同学听后也很惊喜:"碰到的可能性估计很低,因为我就在南京出生、生活,只回过几次武汉。"李楠又问:"你今年会回武汉过年吗?到时候咱们可以一起玩。你喜欢吃武汉热干面吗?"那位同学点点头,说:"我每次回去都会吃热干面,可惜我妈妈不会做,她做的没有在武汉吃到的好吃。"李楠自告奋勇:"没关系,你想吃的话,如果我过年回去,就给你带。"就这样,一来二去,李楠和老乡同学渐渐熟悉起来。初战告捷后,李楠用这种套近乎的方式又结交了好几个朋友。例如:李楠很喜欢打篮球,就和同样爱好打篮球的同学成了朋友;李楠很喜欢玩游戏,就和班级里几个喜欢玩游戏的同学一起建立了专门探讨游戏的微信群……渐渐地,李楠的朋友越来越多,他和很多朋友之间都有共同话题或者共同点,彼此之间的关系也很牢固亲密。

在这个事例中,李楠作为插班生,在班级里谁也不认识,为此他常常觉得孤单和寂寞,也感觉自己受到了排挤。然而,这对于李楠来说只是小问题,平日里就很健谈的他很快就找到了和同学们套近乎的好方法,也顺利结交到了很多好朋友。

每个人都害怕孤单、寂寞。朋友是一生的陪伴,也是人生的同行者。不管是成人还是孩子,都需要有朋友的陪伴,这样人生才会快乐。而人又是感

情动物,要想彼此之间产生情感的共鸣,就要找到彼此的共同点,有了共同的话题,就更利于走到一起,成为朋友。当然,要想找到共同点,或者了解对方的兴趣爱好,就需要孩子加深对交谈对象的了解,这样才更容易把话说到对方的心里去。

儿童口才艺术与沟通技巧

是"我们",不是"我"

如今,大多数孩子都是独生子女,在成长过程中,他们得到了长辈们无微不至的照顾、呵护及宠爱。为此,他们不知不觉间形成了以自我为中心的错误思想,常常希望所有人都围绕着自己转,也认为每个人都应该理所当然满足自己的要求和欲望。殊不知,在这个世界上,除了父母之外,没有任何人会对自己无条件地付出。为此,当孩子踏入社会,一定要学会融入人群,懂得与形形色色的人打交道,这样才能在人际交往中游刃有余,也才能收获良好的人际关系。

要想与人和睦相处,就少不了良好的沟通。这是因为只有沟通才能在心与心之间架设起桥梁;也只有沟通,才能让人们彼此了解,从而建立良好的关系。既然是沟通,就少不了语言的表达。那么,在说话的时候,如何才能快速拉近与他人之间的关系,让彼此之间达到心意相通呢?前文我们已经讲过很多说话的技巧,这里要重点说一说在语言表达过程中,大多数孩子都忽略的一个细节,那就是少说"我",多说"我们"。

看到这里,很多人都会感到纳闷,不管是"我"还是"我们",不都是一个人称代词吗?有那么重要吗?当然重要。也许此前大家一直都忽视了这两个人称代词的区别,接下来我们就详细讲讲并用心感受这两个人称代词给听者带来的不同感受。"我"往往指的是说话者本人,是一个独立的生命个体。而

第八章 顺畅沟通篇：
搭建心与心的桥梁，让心与心友好交融

"我们"，不但包括说话者本人，也包括听者。经常说"我们"，就把听者也划入了说话者的队伍之中，使得听者觉得大家都是自己人，而没有感到自己被排斥或者受抗拒。这样一来，作为同一个战壕的战友，彼此之间的关系当然就会更加亲密无间，做起事情来也会更加同心协力、精诚团结。

最近，小甲正在准备小开初考试，爸爸妈妈一致主张让小甲冲刺重点初中，但是小甲很想进入一所私立中读书。为此，爸爸妈妈轮番上阵做小甲的思想工作。爸爸说："小甲，我觉得公分立以重点初中好，师资稳定，生源也都是精挑细选出来的。"妈妈说："小甲，我建议你一定要去公立学校，升学率还高很多呢！"小甲对此不以为然："我就喜欢那所私立初中，学校条件好，氛围也好。"

无奈之下，爸爸妈妈只好请来表姐劝说小甲。小甲从小就和表姐关系好，为此爸爸妈妈对表姐寄予了很大的期望。表姐对小甲说："小甲，其实我也喜欢上私立初中，不过我家经济条件不好，所以才不能去。我们的想法却一样，这就叫不谋而合吧！"小甲问表姐："表姐，你是过来人，你觉得到底是公立学校好，还是私立学校好？"表姐说："我们不管去公立学校还是去私立学校，都要问清楚自己的心。能够在自己喜欢的学校里学习，是一种幸运，所以先遵从内心，再进行理性思考。"小甲听后，就对表姐敞开心扉。经过和表姐的一番商议，决定报考公立初中，争取将来能够进入私立高中，为出国留学做准备。

爸爸妈妈每次劝说小甲都没有效果，就是因为他们对小甲说话的时候总是"我、我、我"的，这样具有强烈主观色彩的人称代词使得他们与小甲处在了对立面，为此，小甲从心理上就对爸爸妈妈产生了戒备心理，会情不自禁地去排斥和抵触他们。但是，表姐在和小甲沟通的时候，没有说"我"，而是说"我们"，这让小甲觉得表姐和自己是一个战壕里的，表姐是真懂自己，说出的话一定是为自己着想的。于是，小甲愿意向表姐吐露心声。实际上，任何沟

通都要建立在双方你情我愿的基础上，唯有真诚地敞开胸怀，才能让沟通起到最佳的效果和作用。

孩子们要想与他人之间顺畅地沟通，就要改正以自我为中心的错误思想，更多地为他人着想，这样才能在与人沟通的时候，更加深刻地理解他人，从而把话说到他人的心坎里。

委婉曲折，给他人留面子

一直以来，中国人都很爱"面子"。实际上，这里所说的"面子"并不单纯指的是虚荣，也指的是人人都想得到的尊严和尊重。在中国人心中，面子的含义非常复杂和丰富，为此孩子们在人际沟通的过程中，说话做事之前要三思而行，这样才能尊重他人，顾及他人的颜面，也才能由此而得到他人的尊重，与他人之间建立良好的关系，形成顺畅的沟通渠道。

在社会交往中，给他人留有颜面不但是一种交往技巧，也是一种交往艺术。很多人得理不饶人，一旦发现他人犯了错误，就总是揪着他人的错误不放手，实际上这是很糟糕的行为，也不利于建立和维护良好的人际关系。古人说的以德报怨，就是告诉我们即使发现他人犯错，或者做了不该做的事情，也不要因此就让对方颜面全无。否则，一旦对方破罐子破摔，或者自暴自弃，就会使得事与愿违。为此，大多数聪明人都知道要保全他人的颜面，绝不能随随便便就把他人批驳得体无完肤。这样一来，他人就会珍惜自己的面子，进而在言行举止方面有所收敛，不肆意纵容。

美国正在经历前所未有的经济危机。自从大学毕业后，玛丽有一年多的时间都处于失业状态，真正是还没有就业呢，就已经失业了。后来，她好不容易才在一家珠宝店找到一份工作，成为一名珠宝销售员。对于这次难得的工作

机会，玛丽非常珍惜，每天都会第一个赶到门店，趁着同事们都还没有来，她先把卫生打扫干净，再给同事们准备好热水等。为此，大家都很喜欢玛丽。

圣诞节前夕，下起了大雪，玛丽住的地方距离商场比较远，为此她比往常更早出门。到达门店的时候，保安还没有上班，街道上行人也稀少。玛丽赶紧拿出防滑垫铺在进门处的地上，然后拿出柜台里的戒指开始擦拭。正在此时，街道对面走过来一个衣衫褴褛的男人，他推门走了进来。玛丽感到很紧张。就在这时，电话铃突然响了，玛丽手一哆嗦，居然把正在擦拭的一盒金戒指打落在地。玛丽只能一边接电话，一边盯着散落在地上的戒指。挂断电话后，她赶紧开始寻找那些散落四处的戒指，然而，不管怎么努力，她都找不到最后的一枚戒指。这个时候，男人转身朝着门口走去，准备离开。玛丽看到男人紧紧攥着的右手，突然喊道："先生，请您留步。"男人停下脚步，依然背对着玛丽。玛丽很紧张，心怦怦直跳，她知道这样直接告诉男人把戒指留下来根本不可行，而且以自己的小身板也无法阻拦男人离开。为此，玛丽柔声说："先生，您知道现在经济危机，找到一份工作很难。我从学校毕业后有一年多的时间都处于失业状态，我从小是由妈妈抚养长大的，我还有一个弟弟。我只想努力挣钱，好好工作，给妈妈减轻负担。我不想失去这份工作……"在玛丽的诉说下，男人慢慢地转过身，对着玛丽说："你这么努力用心，一定会把这份工作做好的。"说着，男人向玛丽伸出右手。玛丽灵机一动，赶紧走上前去握住男人的手。男人离开了，玛丽的手中握着最后那枚戒指。

试想如果玛丽严厉地指责男人偷了那枚戒指，事情的结果就会截然不同，说不定还会很糟糕。幸好玛丽是个聪明的女孩，她虽然知道戒指就在男人的手中，却没有选择当场戳穿男人，而是诉说了自己生存的艰难，从而赢得了男人的同情，并且不动声色地保全了男人的面子。正因如此，男人才会由衷地祝福玛丽，也才会主动把戒指还给玛丽。对于玛丽而言，这样的结果是非常完美的。

  现实生活中，人与人之间难免会因为各种情况发生冲突。遇到这种情况时，不要总是得理不饶人，而是要给他人留足面子。这样一来，别人就能找到台阶借坡下驴，也因为有了面子而爱惜面子，从而不会肆无忌惮地撕破脸面。由此可见，在人际相处中，维护他人的颜面非常重要，有时甚至可以让很多难堪和棘手的事情得以圆满处理。

说服他人篇：
让别人听你的，可没有那么容易

> 每个人都有属于自己的思想，因此在沟通过程中，尤其是在与他人观念不一致的情况下，我们最重要的目的就是说服他人，从而让他人能够接受我们的想法。显而易见，这是很难做到的，尤其是对于孩子而言。此时，我们必须在说服他人的过程中对他人动之以情、晓之以理，还要想方设法打动他人的心。否则，就会被他人排斥和抗拒，导致沟通无法顺畅进行。

准确表达，避免误会

每个人都是这个世界上独立的生命个体，也是社会生活中的一员。为此，我们既要保持自己独特的个性，也要学会融入人群，学会与他人相处和沟通。现代社会已经不再崇拜个人英雄主义，一个人就算能力再强，也不可能把所有事情都做好，更不可能解决所有问题。为此，在社会分工越来越精细化的今天，如何与团队里的成员一起密切合作，齐心协力完成任务，就显得至关重要。

要想避免沟通中造成误解，就要准确表达。很多孩子的语言表达能力不强，或者因为缺乏一颗体察和宽容他人的心，为此在思考问题的时候过多地从自身角度考虑，常常会把想说的话说得变了味。因此，孩子在与人沟通的过程中，要做到两点：一是要学会设身处地地为他人考虑；二是要提升语言表达能力。这样才能在体察他人辛苦的同时，把话说得恰到好处，让自己拥有好的人际关系。

作为班长，王倩说话一向直来直去，很少委婉曲折，为此她也经常被同学告状。虽然下定决心要改正，但她总是忘记，一旦有了着急的情况，又会犯急躁的错误。有一天，在上自习课的时候，有个同学因为说话违反了课堂纪律，王倩当即对同学说："你想尝尝抄写课文的滋味吗？"同学很不服气，当即和王倩争执起来："你有本事就罚我啊，但是我还没有到被罚抄课文的程度吧？我只是借书，才和同学说话一句话而已。"王倩说："我可不管你是不是借书，我只知道你违反纪律了。你最好能收敛些。""有本事你罚我啊！我就告

诉老师,你滥用职权……"就这样,你一句我一句,王倩很快和那个同学争吵起来。

显而易见,王倩直截了当、毫无掩饰的话,伤害了同学的颜面,也伤害了同学的自尊心。如果王倩说话能够更委婉一些,提醒全班同学:"大家都知道违反课堂纪律的后果吧?我作为班长,是不想罚任何人抄课文的,希望我们能够互相配合,尽量保持安静与友好。"这样一来,王倩就无需点名某一个同学,既顾全了对方的面子,也妥善地解决了问题。

每个人都是社会生活中的一员,都需要与身边形形色色的人打交道。如果不能做到准确表达,那么在与人沟通的时候,就会产生误解,也会使人与人之间的交往陷入困境,导致不愉快甚至是争执、吵闹的情形出现。因此,父母在教育孩子的过程中,一定要激励孩子学会用准确清晰的语言去表达,帮助孩子养成思路清晰、言辞恳切的表达习惯。这样一来,孩子在与人沟通时才能准确表情达意,避免造成误会。

要想做到准确表达,有以下几点需要注意。首先,要区分沟通的场合。根据不同的场合,我们说出的话也应该是不同的。例如,朋友在私底下开玩笑时说什么都没关系,但是如果在公开的严肃场合开些不合时宜的玩笑,就会产生误解。其次,要根据沟通的对象决定说什么、不说什么,决定说话时用什么样的语气、方式等。唯有如此,才能让沟通产生事半功倍的效果,也才能避免因说话不当引起对方的误解。最后,一旦误会产生,就要及时承认错误,不要狡辩。只有真诚地道歉,才能让沟通起到预期的效果,而不至于让事情的发展难以控制。此外,如果听到别人的话产生误解,也不要妄加揣测,可以及时向他人询问情况,或者把自己心中的疑虑都说出来,进行彻底沟通。人与人相处的基本原则之一就是真诚和相互尊重,只要能够坚持这两点原则,做到不猜忌、不恶意揣测对方,就可以及时消除误会,从而让沟通更加深入和顺畅。

以肢体语言诱导对方

人与人之间的沟通并非只有口头表达这一种方式，除了口头表达之外，还可以用书面语言、以神情表情达意、用肢体语言等诸多方式。孩子们要想说服他人，除了用语言等方式与他人进行深入沟通之外，还可以借助神情或肢体语言暗示对方或给对方施加压力，这些都是很好的选择，也会起到令人惊奇的效果。

在谈判桌上，很多谈判高手不但会很好地使用沟通方式和技巧，而且很善于使用肢体语言。例如，当原本坐在对面的谈判对手突然变换位置，到距离门口的座位上就座，就会给对方带来巨大的压力，也会促使对方不得不做出让步。相反，如果原本坐在对面的谈判对手坐到自己的同一侧，则意味着对方想要促使谈判达成，此时就可以抓住这个千载难逢的好机会，将谈判进程向前推进一步。听起来，谈判似乎是高大上的一种沟通方式，实际上对于孩子们而言，在沟通过程中也可以运用到谈判技巧。毕竟沟通的方式方法都是共通的，只要能够洞察其中的奥妙，在沟通中巧妙使用，就可以一通百通，让沟通水平更上一层楼。

最近，米奇和同桌朱力的关系很紧张。原因是朱力犯了错误，伤害了米奇，被米奇狠狠地批评了一通。其实，朱力也知道自己的错误给米奇带来了烦恼，所以他一看到米奇就故意躲避。不过，时间长了，米奇内心的创伤渐渐

平复了,他想起朱力对自己的各种好,心里早就原谅了朱力,但是嘴巴上却不好意思向朱力示好。这可怎么办呢?没有朱力陪伴的日子,米奇真的感到很寂寞。

有一天中午,米奇打好饭菜之后走向用餐区,看到朱力正独自坐在一张桌子旁吃饭。于是,米奇径直朝着朱力走过去,这一次他没有和以前一样坐在朱力对面,而是坐到朱力身边,和朱力一起并肩吃饭。朱力看到米奇,不好意思地笑了笑。米奇就像什么事情都没有发生过一样,从朱力的饭盒里夹起一块排骨吃起来。他边吃边夸张地说:"吃你的排骨就是香啊!"朱力问米奇:"你怎么不坐到我对面,那样夹排骨比较方便。"米奇狡黠地笑了笑,说:"我喜欢和你肩并肩啊!"就这样,经过这一餐饭,米奇和朱力又恢复了以往的亲密无间。一切又回到了从前那样,他们不但是好同桌,也是好朋友。

米奇选择和朱力坐在一侧吃饭,就是用行动在告诉朱力他还愿意和朱力做好朋友。正是这样的态度,让朱力犹如吃了颗定心丸一样,心里感到踏实,也马上就找回了曾经和米奇在一起的感觉。就这样,米奇无须解释,只用一个简单的行动,就让朱力知道了他的心意。

说服别人这件事看似很难,实际上也很简单,只要能够灵活运用语言,再恰到好处地使用面部表情、肢体动作等作为辅助,就可以微妙且准确地表情达意,从而使得沟通起到最好的效果。孩子们虽然心智发育不成熟,也缺乏人际相处的经验,但是他们的感情却很细腻。作为父母,要引导孩子更多地体察他人的心思,也要教会孩子使用多种表达方式来表情达意,这样才会使沟通达到最好的效果。

第九章 说服他人篇：
让别人听你的，可没有那么容易

以退为进，让说服成功于无形

说服他人的过程是一场语言的博弈，亦是一场没有硝烟的战争。一个人要想用语言战胜另一个人，只靠着三寸不烂之舌是远远不够的，还要采取一定的策略和技巧，这样才能增强语言的效力，也才能让说服起到最好的作用。说服有很多的技巧可以使用，在诸多技巧之中，最能够表现诚意的，便是以退为进。所谓以退为进，顾名思义就是采取退让的方式来达到进取的目的。看起来，这是忍让，而实际上一旦以退让打动他人的心，就可以让他人出于互惠心理而做出让步，从而得到我们预想的结果。不得不说，以退为进，能让对方心甘情愿地做出让步，而且会让双方的相处更加和谐融洽，因此说这是最高明和巧妙的说服方法。

当然，在采取以退为进的方式说服他人时，为了保证自己的利益不受损害，不要在还没有达到目的时，就让自己无底线地做出让步。要想通过以退为进取得理想的结果，就要给自己的底线设定一个相对的安全限度，从而让自己在最后的紧要时刻主动做出退让。这样既不会过度损害自己的利益，最终又能得到自己想要的结果。如果一开始就逼近底线，那就失去了退让的空间。在这种情况下，如果退让就会让自己与理想的结果相去甚远，也会让自己感到遗憾和不满，自然也就不可能获得皆大欢喜的结果。为此，使用以退为进的方式有两种情形，第一种是有计划地使用，第二种是临时决定使用。在第一种情形

下,一定要有规划地去使用,而不要漫无目的,导致自己退无可退。

最近班级里正在筹划拍一部小品,作为期末晚会的献礼。对于小品的主演,老师和同学们都进行了推荐,最终决定从张伟、马力、朱特三个同学之中选出。然而,三个同学各有所长,就算是老师和同学们也无法决定到底让谁当主角,让谁当配角。正当大家争执不休的时候,张伟主动提出:"我觉得我的演技一般,不能担任主角,我还是当男二号吧,这样一来,还能发挥绿叶的作用衬托男一号。"听到张伟这么说,大家瞬间对张伟刮目相看,毕竟能在这种情况下主动退让的人一定是有胸怀和气度的。为此,大家一致同意让张伟当男二号。

后来,马力和朱特又进行了几轮竞争,最终由马力担任男一号,由朱特担任男三号。这个时候,朱特恍然大悟:"张伟可不是谦让,而是以退为进。他知道自己竞选男一号胜算很小,所以就主动提出当男二号。这样一来,反而是我这个男三号来衬托他!"然而,一切已成定局。暂且不说张伟的演技和朱特相比如何,仅仅是张伟在无形中说服了所有人同意他出演男二号的高水平沟通能力,就足以让大家对张伟刮目相看了。

人生并非总是一路高歌猛进,反而更多的时候我们需要学会退让,这样才能真正占据主动。就像人们常说的,一个人看到的、听到的未必是真的,同样的道理,一个人真正去做的也未必是真的,而是有更加深刻的用意和目的。人际关系向来是社会生活中最难处理的关系之一。每个人要想在人际关系中有更好的表现,就要善于沟通,努力提升自己的沟通水平。不要总是想着进一步,如果能以退让的方式达成目的,为何不争取皆大欢喜呢?真正的退让总是能够说服他人于无形,也总是能让我们在与人相处的过程中真正占据主动。当然,孩子也许并不明白其中的道理,那么作为父母就要多多给孩子做出榜样,从而让孩子耳濡目染，最终知道自己应该如何去做，才能获得最好的结果。

当然，以退为进的方式也不能滥用，而是要在时机和条件都成熟的情况下使用，才能达到最佳的效果。如果总是滥用以退为进，则渐渐地就会真正距离自己想要的目标越来越远，就是真的"退"了。此外，孩子们在使用以退为进的方式说服他人之前，还要了解他人的脾气秉性。如果对方是一个得寸进尺，不懂得谦让的人，那么只靠着一方退让是不可能达到双方都满意的，这一点一定要谨记。

儿童口才艺术与沟通技巧

以权威的话增强说服力

俗话说,人微言轻。一个人如果具有很高的社会地位,或者在某个领域有特殊的成就,那么他说出来的话往往就会有很高的权威性,也能够说服他人。相反,一个人如果社会地位低,而且没有特别突出的成就,那么他说出来的话就没有分量,也很难成功说服他人。毫无疑问,人人都想说服他人。在沟通过程中,就算是孩子也想让自己说出来的话有分量。那么,如何才能做到这一点呢?这时不妨借用外部的力量来帮助自己。例如,以权威者说出来的话作为自己的论证,从而让自己提出的论点更加站得住脚。这样一来,说出来的话就会受到重视,也可以起到预期的作用。

那么,何为权威呢?所谓权威,就是使人信从的力量和威望。权威者往往具有很强的公众影响力,使得公众们愿意接受他的权力安排,愿意接受他在很多领域中的表现。很多人也许有很高的官职,但却未必有权威。所以在说服他人的时候,孩子们一定要选择真正的权威者,这样才能给自己的话增加分量,也才能让自己的沟通更具有影响力。

最近,班级里的孩子们都很喜欢玩陀螺玩具。在所有陀螺爱好者中,米奇玩陀螺玩得最好,每次和同学们展开对决赛,总是能够获胜。为此,大家都说米奇是不折不扣的陀螺大王,所以对于米奇大家都言听计从。

第九章 说服他人篇：
让别人听你的，可没有那么容易

原本不玩陀螺的张佩，看到大家玩陀螺玩得不亦乐乎，于是也决定要购买一个陀螺，加入玩陀螺的队伍中。然而，他不知道买什么样的陀螺最好，为此请教了班级里好几个同学。但是，同学们给出的意见五花八门，反而让张佩更没了主意。这个时候，有个同学对张佩说："你还是去问米奇吧，米奇最擅长玩陀螺，一定知道每个款式和品牌的陀螺到底好在哪里。况且，他在每次陀螺比赛中都能获胜，一定有过人之处。"就这样，张佩在米奇的建议下购买了入门级的以稳重见长的陀螺。果然，在和新手们比赛的时候，张佩的陀螺旋转到最后一刻才停下来。后来，班级里每当有同学想要买陀螺就会去找米奇。对于米奇说好的陀螺，大家总是毫不犹豫地购买。眼看着同学们玩陀螺已经形成了规模，老师还专门为此举行了一场陀螺大赛呢！

米奇为何能够成为班级里玩陀螺的权威人物和行家里手呢？就是因为他很擅长玩陀螺，而且也很热心地给同学们推荐适当的陀螺。当同学们看到米奇把陀螺玩得那么好，而且根据米奇的建议购买陀螺的同学也总是能在比赛中获胜的时候，同学们就更加信服米奇。渐渐地，米奇成为陀螺领域的权威人物，大家就自然地愿意听米奇的话。

能够自己成为权威当然更好，这样说出来的每句话都会被奉若圣旨。而如果不能自己成为权威，那么为了增加说话的分量，就可以借助权威之口去说服他人，也能起到不错的效果。要想保证说服的效果，还需要注意的一点是选择一个真正的、公认的权威，或者至少要根据说服对象，选择一个能让说服对象信赖的权威。这样一来，才能让说服事半功倍，也能让说服的效果更好。

儿童口才艺术与沟通技巧

以提问掌握主动权，让对方习惯说"是"

人们常说，习惯成自然，这句话是告诉我们习惯的力量很强大，往往会让人在不知不觉间就完成很多事情。事实的确如此，好习惯能够成就人生，而坏习惯则会毁掉人生。那么，如果把习惯用于沟通之中，又会对沟通起到怎样的作用和效果呢？在说服他人的过程中，要想始终得到他人肯定的回答，让他人情不自禁地说"是"，就要想方设法引导他人养成说"是"的习惯。当对方习惯于说"是"，在听到问题的第一瞬间，他就会不假思索地说"是"，这样一来，我们想要得到他人认可和顺从的目的就自然达成。

当然，要想让对方习惯说"是"，首先要拥有提问的权利。一个人只有能够连续对他人提问，并以需要肯定回答的问题引导对方形成惯性思维，对方才能不断地回答"是"。否则，如果连提问的机会都没有，又如何让对方形成惯性思维呢？

周末，铸铸特别想去动物园玩，但是妈妈不想去，如何说服妈妈带着自己去动物园呢？铸铸为此可算是动了一番脑筋。他问妈妈："妈妈，读万卷书行万里路是什么意思？"妈妈不知道铸铸的葫芦里卖的是什么药，就回答铸铸说："这句话是说一个人要想增长见识，就要多多看书，多多旅游，这样才能开阔眼界。"铸铸听后心中暗自窃喜，因为妈妈已经上钩了。

接着铸铸问妈妈:"妈妈,那么小孩子是不是要经常出去玩,才能见到更多的东西?"

妈妈回答:"是。"

铸铸又问:"不过,太远的地方没法经常去,因为爸爸妈妈还要上班,是不是?"

妈妈回答:"是。"

铸铸继续问:"妈妈,我们去年去了三亚,今年还没有出去旅游,是吗?"

妈妈回答:"是。"

铸铸又问:"妈妈,你和爸爸是不是没有时间带我去外地旅游啊?"

妈妈回答:"是。"

铸铸接着问:"既然没有时间去外地,是不是应该抽空带我去动物园?"

妈妈回答:"是。"

说到这里,铸铸立即欢呼雀跃:"那我们今天就去动物园吧,铸铸很想去动物园。"

妈妈这时才恍然大悟:"你这个小家伙真是个鬼精灵,居然画圈给我跳,还真把我给绕进来了。"妈妈只好带着铸铸去动物园,陪着铸铸度过了一个愉快的周末。

在这个事例中,铸铸掌握了提问的主动权,从而让妈妈习惯于回答"是"。这样一来,即使铸铸提问的是妈妈之前已经拒绝的问题,妈妈因为惯性思维的影响,也只能接着回答"是"。最终,铸铸如愿地和妈妈一起去动物园过周末,自然感到非常开心。

惯性思维的力量是非常强大的,可以让人在不假思索的情况下就做出肯定的回答。为此,要想说服他人,如果没有其他更好的方式可以采用,就可以用这样的方式帮助他人养成回答"是"的习惯,从而达到说服他人的目的。不

过需要注意的是,在给他人养成回答"是"的习惯时,最好让提问简洁明了,问题最好是只需要回答一个"是"就能搞定的,这样就能尽量减少对方思考的时间。唯有如此,对方才会对问题的内容放松警惕,也才会渐渐形成不经过思考就回答"是"的习惯。这就是惯性的强大力量,适宜地运用在沟通之中会起到积极的作用,而且往往会有出人意料的说服效果。被说服的对象一旦回答了"是",即使感到后悔,也无法把自己说出去的话再收回来,为此只能把自己的允诺变成现实。

第十章

批评与拒绝的艺术篇：
批评不尖酸，拒绝不生硬

每个人在人群中生活，因为自己各种不同的表现方式，未免会被他人表扬或者批评，也有可能遭到拒绝。前文说过，很多人把求人视为令自己感到尴尬的事，主要是担心自己在被他人拒绝之后无法自处。实际上，和被人拒绝相比，更难的是拒绝他人。孩子要想有更强的沟通能力，就要以恰到好处的方式去批评他人，也要善于在保全他人颜面的情况下，拒绝他人。只有真正掌握批评与拒绝的艺术，孩子的人际相处才会更加顺利，沟通也才会水到渠成。

第十章 批评与拒绝的艺术篇：
批评不尖酸，拒绝不生硬

贬低自己，抬高他人

明确地拒绝他人，又不能伤害他人的颜面，这当然是非常难做到的。因为有的人，一旦遭到拒绝，就会觉得颜面尽失，认为无法再继续做朋友。所以，在决定拒绝他人之前，要先想一想如何保全友谊，这样才能让拒绝既不伤和气，又能把拒绝他人的伤害降到最低。

在现实生活中，很多孩子都是独生子女，他们从小就受到父母无微不至的爱与照顾，于是渐渐地形成了以自我为中心的思想，觉得所有人都应该围着自己转，就是在拒绝他人的时候也只顾着自己的意愿，完全忽略了会给他人带来怎样的感受。有些孩子甚至会趾高气扬地拒绝他人，不得不说这是非常不可取的行为，因为这样会给他人带来深深的伤害。作为孩子，一定不要以自我为中心，要更多地理解和体谅他人的苦衷，这样才能设身处地地为他人着想，也才能推进人际关系不断向前发展。

具体而言，要想拒绝他人，又不能伤害他人，可以在拒绝他人之前，先贬低自己，抬高他人，这样一来会给他人留下一种印象，那就是并非我们自己不想帮助他人，而是因为我们心有余而力不足。在此基础上，抬高他人，赞美他人的优点和长处，会起到很好的安抚作用。对方也会因为得到慷慨的赞美，而意识到自身的能量其实很强大，为此不至于觉得心灰意懒，甚至彻底放弃希望。由此，就能做到两者兼顾，既达到了拒绝他人的目的，也尊重了他人，从

而使得他人不会因为被拒绝而心生怨恨。

八岁的文文是个很机灵的孩子,她似乎天生就会察言观色,为此说话做事总是会表现出一种和年龄不相符的成熟与从容。一个周末,妈妈要加班,把文文也带去了单位。妈妈的同事们看到文文之后,都很喜欢文文,还有几个同事故意逗着文文玩。

中午要吃饭了,有个同事打好饭菜,一个人端不了那么多,就让文文帮忙端一份。文文想起妈妈说过不让自己端太烫的东西的事来,便委婉地拒绝道:"阿姨,我的年龄还小呢,而且我的力气也很小,皮肤很娇嫩,又很怕烫的东西。但是阿姨很强大,居然可以一次就端三个盘子。所以阿姨,你可以先把手里的盘子送到餐桌上再回来端这盘菜吗?我会站在这里一直看着,不让它被别人端走。"听了文文的话,原本还觉得文文有点儿懒惰的阿姨忍不住笑起来,说:"好吧,你能做些力所能及的事情,也是很棒了。那你就负责在这里看着这盘菜,阿姨把其他菜送过去就马上回来哈。"后来,阿姨和文文妈妈说起这件事情,妈妈也为文文解释:"是我不让她端热的东西,怕她被烫到。"阿姨说:"这孩子自我保护意识很强。最重要的是,她说话很委婉,让人听起来不讨厌也不抗拒,真是难得。"

在拒绝阿姨的时候,文文先说了自己的力气很小,又恭维了阿姨力气很大很能干,最终还提出自己会竭尽所能帮助阿姨做事情。这样一来,阿姨当然不会抱怨文文不帮忙,反而还因为文文说起话来有理有据,面面俱到,而对文文刮目相看呢!对于文文而言,这样的语言功力当然不是朝夕之间形成的,而是从小就用心积累,用心感受,才能不断得以提升的。作为父母,要为孩子的成长保驾护航,要最大限度地提升孩子各方面的能力,这样孩子才能健康快乐地成长。在家庭里,父母可以始终保护孩子,让孩子快乐无忧,但是终有一日孩子会长大，会离开父母的身边独立生活。在这种情况下，父母就要未雨绸缪，要先教会孩子如何应对人生中的很多事情，这样孩子在人生道路上才会走得更远。

很多父母总觉得孩子还小，不需要独自去处理很多事情。实际上，当孩子走出家门，进入幼儿园，尤其是开始上小学之后，他们就已经成为真正意义上的社会人了。他们除了接受父母的关爱与呵护之外，还需要面对很多其他人，诸如老师同学、亲戚朋友等。只有更加用心，善于沟通，孩子才能建立和维护良好的人际关系，也才能成为处处受人欢迎的社交小达人。

拒绝也要尊重他人

每个人在年少的时候，难免会犯轻狂的错误。这个时期的他们往往是一旦有了小小的成绩就会沾沾自喜，而完全忽略了他人在努力付出之后却一无所获的落寞心情。正是处在这样的认知盲区之中，孩子才会肆无忌惮地拒绝他人，也才会因为各种原因而把他人的尊严踩在脚下。不得不说，孩子这样做也许是无心之举，或者只是情绪使然，但却给他人的内心带来了难以抚平的创伤，这是非常糟糕的。

不管何时，拒绝他人一定要以尊重他人为前提，要懂得维护他人的尊严，也要发自内心地用真诚和平等去对待他人。在这个世界上，所有人的人格生来都是平等的，人与人之间之所以出现巨大的不同，就是因为个人的能力不同。这就像是在一家公司里，有的人只是普通的职员，有的人是中层管理者，而有的人则是高层管理者。他们职务不同，各自都有自己的工作内容，但他们是完全平等的人。职位高的人也许可以从工作的角度指挥职位低的人，但是职位高的人并不能因此就鄙视职位低的人。在求助于人的时候，虽然求助者处于弱势，但是并不会因此就低人三分。同样的道理，被求助者也许在某些方面有专长，能力突出，但也不能因此就对他人怀有藐视的态度。所谓尺有所短，寸有所长。每个人都有自己的优势和长处，也有自己的短处和不足。为此，既不要狂妄自大，也不要自暴自弃，而是要用正确的态度面对他人，这样才能做到拒绝他人的时候尊重他人，从而保护他人的颜面和自尊。

这天放学，叶兰因为上课的时候有道题目不会做，所以很想向班级里的学霸马波求助。没想到，当叶兰拿着书本找到马波，请求马波把题目讲解给自己听的时候，马波却摆出一副高高在上的姿态，并高傲地对叶兰说："这么简单的题目你都不会，我觉得你还是不要上学了。这道题目老师上课的时候讲了整整三遍，就算是笨蛋也该学会了吧。"听到马波说自己是笨蛋，叶兰忍不住哭了起来。正在这时，老师来到教室，看到这一幕，在问清楚事情的原委之后，老师批评马波："马波，即使作为普通同学，叶兰向你求教，你也应该尽量帮助她。没想到你作为班里的学习委员，非但没有肩负起自己的责任，反而这样无情地打击同学，你简直太让老师失望了。"这个时候，马波也意识到自己犯了错误，脸涨得通红，一声不吭地坐在课桌旁。

老师为叶兰讲解清楚题目后对叶兰说："虽然马波没有帮你，不过老师已经批评他了，相信他也已经认识到错误了。老师相信你已经真正弄明白了这道题目，如果明天有其他同学不会的，你讲给他们听，好不好？"叶兰赶紧点头，说："讲给其他同学听，我也可以复习一下，真是一举两得。"

在这个事例中，马波拒绝讲解题目给叶兰听，原本就很吝啬，而且他还嘲笑讽刺叶兰，更是深深伤害了叶兰的自尊心。在现实生活中，没有人能够将所有事情都做得很好。一个人的能力是有限的，总会遇到向他人求助的时候。此时，作为被求助者，应该慷慨地帮助他人，而当自己能力不足或者因为其他原因而无法帮助他人的时候，表达拒绝也要讲究方式方法，绝不能肆无忌惮地打击他人的自信心。反之，作为求助者，如果能够得到他人的帮助固然好，即

使被拒绝也不要懊恼,毕竟他人帮助我们是情分,不愿意帮助我们是本分,我们无权强求他人。只有怀着一颗坦然从容的心,孩子们才能始终保持平和的心态,在成长的道路上不忘初心,在人际沟通中言辞恳切、情真意切,才能够做到与他人顺畅沟通,最终建立长久友好的朋友关系。

表明心有余而力不足

当一个人被拒绝，一种情况是因为对方心有余而力不足，另一种情况则可能是对方虽然有能力但却不愿意帮忙。那么在哪一种情况下，被拒绝的人心中会感到好过一些？当然是前者。虽然得到帮助是人情，被拒绝也无可厚非，但是因为对方心有余而力不足而被拒绝，会让被拒绝者更容易接受，也更愿意去理解和体谅对方的难处。这样一来，更容易维持双方的友好关系，使友谊得以维持和继续。

退一步而言，作为被求助者，即使你真的是因为不想帮忙而做出拒绝的决定，也不要把自己拒绝的原因和盘托出。既然都是为了达到拒绝的目的，为何不能让被拒绝者心中好过一些呢？哪怕是力所不能及，哪怕只是单纯不想帮忙，也可以表现出心有余而力不足的样子，这样至少不会失去朋友。当然，这样的伪装并不能经常使用，因为人是感情动物，每个人都很敏感细腻，作为朋友，我们要更加慷慨地帮助他人，只有以真诚和真心面对他人，我们才能得到他人的慷慨回馈。如果总是吝啬帮助他人，那么我们又如何能够得到他人的坦诚对待呢？

小学毕业后，思琪进入一所离家比较远的私立初中就读。这所私立初中是寄宿制，十二岁的思琪就此离开家，独自在学校里学习、生活。一下子离开了父母的照顾，可想而知她面对很大的困难。

有一天中午，思琪准备午休，然而，她在往上铺爬的时候，忘记了应该把眼镜事先放在床上了，因此膝盖落下的那一刻眼镜一下子就被压断了。思琪很想家，现在眼镜又坏了，内心焦灼不安，眼泪不由得簌簌而下。这可怎么办呢？思琪可是高度近视，没有眼镜根本没办法正常生活和学习。思来想去，她决定找同学借钱重新配副眼镜。思琪找了平日里关系最好的萌萌。听完思琪的话，萌萌表现出很为难的样子，说："思琪，你也知道我每个月回家一次拿生活费，现在正好到了月末，我的生活费基本都用光了，只剩下几十块钱。你配眼镜需要用多少钱啊？我可以借给你三十块钱，如果不够的话就需要你自己去想办法了。"思琪听后忍不住皱起眉头："配一副眼镜至少需要一百块钱，这还是我老家的价格，我不知道市区配副眼镜需要多少钱。"萌萌拿出三十元钱给思琪，思琪说："算了，你还是留着这钱吃饭吧。我去找老师借吧，下周我也要回家，正好可以还给老师。"萌萌很不好意思地说："思琪，对不起，没有帮上你。"思琪说："没关系，我和你一样也只剩下几十块钱的生活费和路费，我知道你有钱一定会帮我的，谁让咱们都是穷学生呢。"就这样，思琪和老师借钱重新配了副眼镜。思琪虽然被萌萌拒绝了帮助的请求，但是她和萌萌的感情仍然一如往常。

在这个事例中，萌萌之所以拒绝思琪，并不是她不愿意帮忙，而是因为她的确没有多少钱了。在表示自己愿意对思琪倾囊相助之后，虽然没有帮到思琪，但是思琪却感受到了萌萌的真心诚意。为此，思琪丝毫不抱怨萌萌。

每个人都会有求于人，也常常会被他人求助。那么，作为求助者，在求助于人的时候，一定要真诚；作为被求助者，在被他人求助的时候，如果想要拒绝，也一定要表明自己心有余而力不足的难处，这样一来，既能表明自己的真心，也能赢得他人的谅解。

面对错误,学会给他人留面子

人非圣贤,孰能无过。除了向他人求助和帮忙时会犯错之外,每个人还会犯其他不同的错误。有些人一旦犯了错误就会积极地反思和改正,而有些人则执迷不悟,不愿意改正。尤其是孩子,对于自我的评价和认知能力还比较弱,自控能力也不强,为此他们很难发挥自我管理能力,让自己在各个方面做得更好。在这种情况下,父母就要对孩子履行监督、管教和引导的责任,也要适时适度地批评孩子,才能帮助孩子及时改正错误,给予孩子更大的成长空间。

古话说,人前训子,人后教妻。很多人都信奉这个观点,为此总是当着他人的面教训孩子。其实,这样的古训并不适合现代的教育理念,如今孩子们的心思更加细腻,为此作为父母哪怕是面对很小的孩子,也不要当着外人的面训斥。当孩子做错事情的时候,最好在没人的时候再给孩子指出错误,或者私底下告诉孩子具体应该怎么做。小小年纪的孩子尚且有如此强烈的自尊心,更何况是成人呢?由此可见,不管是批评成年人还是孩子,都要在合适的时机及场合中进行,而不要毫不顾忌,口无遮拦。

从小,爸爸妈妈对于菠萝的要求就很严格,所以每当菠萝有做得不好的地方,爸爸妈妈就会当即给菠萝指出来,还美其名曰是在教育菠萝。渐渐地,

菠萝养成了疾恶如仇的性格。她变得个性鲜明，不管做什么事情都光明磊落，说什么话更是从来不会遮遮掩掩，更不会委婉曲折，完全是单刀直入、直来直去。

有一天午休时，菠萝因为借书给同学看影响了课堂纪律，被老师严厉批评，并且还惩罚菠萝抄写课文。对此，菠萝感到愤愤不平，当即反驳老师说："不是说连续三次违反纪律才罚抄课文的吗？我这才接到一次警告，凭什么让我抄写课文？"看到菠萝这样的态度，老师更加生气，于是说道："我就是要罚你抄写课文，你要怎么样？"菠萝的倔脾气也犯了，说："我就是不抄，谁让你说话不算数的！"就这样，老师越来越生气，最终抬手给了菠萝一巴掌。这件事之后，菠萝和老师之间的关系恶化，虽然爸爸妈妈都给菠萝做了思想工作，但是菠萝就是转不过弯来，她始终认为老师的惩罚是错误的。

很多父母觉得孩子还小，没有那么多机会与人相处，殊不知，孩子虽然小，可一旦走出家门，进入学校，就已经开始了正式的社交。他们必须学会独自与老师和同学相处，如果不能掌握其中的技巧，就常常会让自己陷入被动的境地。尤其是在与人沟通的时候，更是要把握好说话的方式和风格，才能把问题妥善处理好，也才能维持良好的人际关系。就像上面这个事例中的菠萝，如果她能够灵活一些，在被老师罚抄课文之后，对老师说："好吧，虽然要警告三次才抄写课文，但是我很愿意多抄写一次课文，毕竟我还是很爱学习的。"这样一来，既委婉提醒了老师要警告三次才罚抄课文，也告诉老师自己是因为爱学习才接受抄课文的处罚的。这样对老师说话不仅软硬适中，还能起到想要的沟通效果。

说话这件事虽然看似很简单，但是要想把话说好却不是件容易做到的事情。尤其是孩子原本就心智发育不完全，而且缺乏人生经验，在处理很多事情的时候就更是会陷入各种被动的局面。为此，父母要从小培养孩子学会表达的好习惯，让孩子能够做到积极表达，这样对于孩子的成长才会起到推动作用，也有助于帮助孩子维持良好的人际关系，收获更深厚的情谊。一句话有多种不同的说法，有的人说话不讲究方式方法，会把听的人气到无语；而有的人能通过合适的方式方法，把话说得恰到好处，让人听后心花怒放。后者是每个人都追求的。对于孩子而言，通过勤奋练习掌握表达技巧，养成良好的表达习惯很重要；作为父母，耐心引导孩子把每一句话说好，使孩子能在人际相处中把话说得出彩，是义不容辞的责任。

给他人台阶下，让他们收回请求

很多人在对他人提出请求之前，就知道自己提出的是不情之请，会给他人添麻烦。但是，也许是因为他们的利己主义之心太强，或者是的确没有其他办法可想，所以他们才会硬着头皮说出自己的不情之请，也奢望由此而得到他人的帮助。这样的做法当然可以让自己拥有更多的希望，但是也给被求助者出了一个很大的难题。如果生硬拒绝，对于一个硬着头皮求助的人会是很沉重的打击；如果不拒绝，又会使自己为难，因为哪怕拼尽全力也无法把事情做到最好，这个结果当然是很让人郁闷的。还有一种可能，那就是最终的结果不但让自己受累，还会导致帮了倒忙，费力不讨好。在这种情况下，如何让事情得以圆满解决呢？这是一个难题，也很棘手，作为被求助者必须用心思考，精心谋划，才可能把一切事情都处理好。

要想避免伤害到求助者的自尊心，最好的方法就是让求助者自己收回请求。当然，这是个不容易达成的目的，需要多方面相互配合。首先，要求被求助者能够给出台阶，这样求助者才能就坡下驴。其次，被求助者必须有自知之明，在有台阶可下的时候，赶紧收回请求，否则如果求助者对于帮助势在必得，为了达到目的不择手段，则这种给出台阶的做法也就不可行。要知道，每个人的脾气秉性、人生目标各不相同。为此，在拒绝他人的时候，要考虑到求助者的脾气秉性，采取合适的方法拒绝。这样才能既不得罪求助者，

第十章 批评与拒绝的艺术篇：
批评不尖酸，拒绝不生硬

又不让自己为难。

张鹏考上了重点初中，身为农民的爸爸妈妈一下子拿不出那么多的钱来给他交学费。为此，让张鹏挨个亲戚朋友家里去借钱。在让张鹏去舅舅家之前，妈妈有些犹豫，因为她知道舅舅刚刚给儿子娶了媳妇，所以此时家里应该没钱，说不定还有外债呢。但是想到兄妹情深，如果连舅舅都不能帮忙，那么去别人家里就更没有希望了。想到这些妈妈还是安排张鹏去舅舅家。

舅舅当然知道张鹏这次来是为了什么事情。张鹏提出请求之后，舅舅为难地说："张鹏，你可是我的亲外甥，要是有钱，我不帮你帮谁呢！你也知道我家刚刚娶了新媳妇，现在新媳妇进门都要彩礼，还要买各种东西，所以不但花空了这些年的积蓄，而且还欠下了一些钱。这是我和你舅妈给你的红包。考上重点初中不容易，怎么也要坚持读书。你回家去问问你妈妈还缺多少钱，我去帮你借。"张鹏听到舅舅这么说，赶紧说："舅舅我妈说了，你要是现在有钱就借我点儿，要是没钱，我怎么能让你出去借呢。谢谢你和舅妈的红包，我再去别家试试。如果实在借不到了，您再帮我借。"听到张鹏合情合理的话，舅舅连连点头，说："好的，好的，有需要你就再来，我怎么也能帮你想想办法。"

在这个事例中，张鹏妈妈明知道张鹏舅舅家里刚刚娶了新媳妇，还是让张鹏去舅舅家里借钱，实际上是没有其他办法可想。为此，当舅舅说起家里的情况时，张鹏其实早就已经知道自己的请求有可能会被拒绝，但是他没有抱怨舅舅，而是抓住这个机会收回了自己的请求，表示会想想其他办法。这样一来，就保全了自己和舅舅的颜面，也加深了彼此之间的理解和体贴。

生活中，每个人都有自己的难处。作为孩子，一定要懂得多多宽容他人，

知道他人拒绝自己一定有迫不得已之处。当然，在被他人求助的时候，如果想要拒绝他人，切勿趾高气扬，而是应该摆明自己的实际困难，让对方知难而退，这比生硬地拒绝要好得多。

第十一章

巧言善辩篇：
辩论不是争论，要讲究技巧与方法

在现实生活中，人与人之间难免会有因为彼此意见不同而产生争执的时候。在这种情况下往往人人都想说服对方，让对方心甘情愿接受自己的意见和观念，为此也就开始了辩论。可以说，辩论是没有硝烟的战争。当然，辩论不能只靠着以硬碰硬，而是要运用智慧的语言，发挥语言的作用，这样才能最大限度地展示出语言的力量。

辩论与口才

人们常常评论一个人说其"能言善辩",仅从这个词语本身来看,就可以知道要想提升辩论的水平,离不开口才的支撑。那么,到底什么是口才呢?具体来说,所谓口才,就是说话的才能和技巧。在日常生活中,孩子们常常有机会参加各种活动,为此他们需要与他人沟通,也需要当众发言。和随意地闲聊不同,一旦有目的地发言,就要关注表达的对象和目的,也要选择使用最合适的表达方式,这样才能准确地表情达意,也才能在人际沟通中有更好的表现。

尤其是在辩论的过程中,因为双方各执一词,谁也不愿意听取和采纳他人的意见,反而都不遗余力地想要说服对方。所以,辩论的激烈程度可想而知。在辩论的时候,口才的作用也更加凸显出来。辩论时,人们说的绝不是家长里短的事情,而是涉及思想、观念等更高层次的内容。很多孩子都看过电视上播放的辩论比赛,就会知道辩论时有正方有反方,而且在开展辩论之前,选手们就会准备好辩论各个阶段需要用到的知识和理论,也会在一个团队中安排好如何轮流出战,以阐述自己这一方的观点。在正式的辩论比赛中,辩论的双方都不是个体,而是一个配合高度默契的团队。团队中的成员之间通过精诚合作,会让辩论获得最佳的效果。

每个人都有两只眼睛、两只耳朵,却只有一张嘴巴,这是因为造物主想让人们更多地观察、倾听,而不要随随便便进行表达。实际上,嘴巴除了用

来进食之外,最大的功能就是说话。因为人每天只在短暂的时间里用嘴巴吃东西,而在很长的时间里都要用嘴巴说话。同样一句话有不同的表达方式,也会起到不同的效果。为此在与人辩论的过程中,一定要具备杰出的口才才能成功地说服对方,同时还要有深厚的语言表达功底,才能让语言产生该有的效果。

从古至今,无数事实告诉我们说话的重要性。三国时期的诸葛亮,谈笑风生,实际上他不但是神机妙算,也是在用语言来增强自身的力量。在西方国家,英国前首相丘吉尔,美国前总统林肯,都是很善于演讲的人。他们发挥语言的强大威力,来治理国家和进行外交,让语言熠熠生辉,也让人生璀璨辉煌。

春秋末期,齐国和楚国都是大国,尤其是楚国,更是位列春秋五大强国之一,比齐国更胜一筹。为此,当晏子作为齐国使者出使楚国的时候,楚王倚仗着楚国国力强盛,根本不把晏子看在眼里,反而想要羞辱晏子。

得知晏子身材矮小,楚王让人在高大的城门旁开了一个很矮小的洞。如此一来晏子必须弯腰低头才能从这个洞进入城里。看到这个洞,晏子当然知道楚王的用意,为此义正词严地说:"我要访问的是狗国吗?因为只有访问狗国,才需要从狗洞里钻进去。"来人听后不知道如何回答,瞠目结舌。晏子又说:"你先去问个清楚,再来告诉我。"楚王听到晏子的质疑,当然不愿意承认楚国是狗国,为此只好当即派人打开城门迎接晏子的到来。

楚王想要捉弄晏子的希望落空了,为此他很不甘心。在看到晏子的时候,楚王忍不住冷笑,质问晏子:"难道齐国没人了吗?"晏子假装不懂,问:"大王说这话是什么意思?"楚王说:"如果齐国有人,为何要派你来出使我国呢?"晏子笑起来,说:"大王,您想听真话,还是想听假话。当然,您要知道真话总是不如假话好听。"楚王说:"当然是真话。"晏子这才娓娓道来:"齐国有规定,出使什么样的国家就派什么样的人。我在齐国是最不中用的废物,只能派我出使楚国。"因为晏子已经提前告诉楚王真话不好听,所以楚王虽然心生不悦,却不能指责晏子,只好尴尬地笑了笑,吃了这个哑巴亏。

晏子虽然身材矮小,心眼可不少,而且思维非常敏捷。所以,在看到楚王故意刁难,听到楚王说出难听的话之后,他丝毫没有畏缩,而是从容应对,让楚王只能哑巴吃黄连,有苦说不出。由此可见,聪明机智的晏子,是个有大智慧的人。

正式的辩论虽然并非经常发生,但是在生活中,人与人之间在语言上一较高低的场景却并不罕见。每当这时,没有人愿意被他人压制,而是想极力说服他人,让他人接纳自己的想法和观点。要想做到这一点并不容易,尤其是对于孩子而言,更是要充分发挥自己的聪明才智,还要调动起所学的知识,才能做到随机应变,从容应对。不管在哪种形式的辩论中,雄辩的口才都是必不可少的。其实,这个世界并不是非黑即白的,对与错也没有明确的界限。所谓辩论,也未必就一定要争出个子丑寅卯,而在诸多相似的观念中,更多的是凭着口才、智慧取胜,展开辩论的双方都努力把语言的力量发挥到最高水平。

孩子们需要注意的是,所谓口才好并不是口若悬河、滔滔不绝,而是要把话说得入木三分、掷地有声,这样说话才更有分量。对于辩论者而言,口才更像是他们的武器,为此必须用得恰到好处,还要掌握适宜的力度,这样才能起到最佳的作用和效果。话说得太多未免惹人生厌,只有少而精,才能一语中的、一针见血,也才能具有强大的力量。

儿童口才艺术与沟通技巧

辩论的心理战术与技巧

在辩论中要想获胜,除了要发挥语言的强大力量之外,还要懂得心理战术。

辩论者要想轻松获胜,具有语言的表现力只是基本因素,除此之外,还要有强大的内心,才能在瞬息万变的辩论局势中占据主动,把握先机。

第一,辩论者要有强大稳定的心理状态。很多人的心理素质都很差,稍微有点儿风吹草动就会情绪崩溃,这样的人是不战而降,不攻自破。为此,作为辩论者,内心里必须要有强大的精神支柱,要清楚地知道自己想要什么,这样才能摒弃外界的一切负面影响和干扰,从而保证自己的才智正常发挥。很多人喜欢看美国大片,就会知道在大片里那些硬汉之所以能够获得最终的胜利,就是因为他们胜不骄败不馁,不到最后一刻坚决不放弃。反之,如果还没有到最糟糕的情况就已经放弃,那么就会彻底失去成功的希望。所以在辩论时,自乱阵脚的事情是不允许发生的。每个辩论者都要坚定勇敢,相信自己,这样才能让自己在辩论中有更出色的表现。

第二,辩论者要能熟练运用心理攻势。所谓心理攻势,就是从内心深处有想要获得胜利的决心和意志力。不管是在真正的战场上,还是在没有硝烟的战场上,都要有进攻的姿态,这样才能保持攻势,也才能获得最终的胜利。当然,每一个辩论对象的特点不同,作为辩论者必须做到知己知彼,才能百战百胜。为此在辩论之前就要进行一定的心理准备，包括了解辩论对象，如此才能真正做好准备工作。针对对手的不同性格，还可以有的放矢地采取区别化的辩论方法，这样才能事半功倍。例如当对手沉默的时候，要引导对手发言，从对手的语言中得到更多对自己有用的信息，这样也有助于自己展开辩论。如果对手争强好胜，可以采取激将法，让对手失去耐心，变得急躁，令他方寸大乱。当对手很固执，坚持自己的观念，不愿意给对方任何回旋的余地时，那么就可以故意制造僵局，然后给"僵局"留一个看似可以打破的口子，这样一来让对手欲罢不能，可以采取请君入瓮的手段，让辩论的局面变得对自己有利。总而言之，只有有效针对对手的特点展开辩论，才能让辩论起到最佳的效果，获得更高的效率。

第三，在辩论的过程中，情势瞬息万变，要想与对手展开博弈，既要争取最好的结果，也要做好最坏的打算。唯有如此，才能做好心理准备。当辩论局势急转直下的时候，让自己保持内心的笃定，以强大的心理素质，赢得心理上的优势和胜算。正如一位名人曾经说过的，每个人最大的敌人就是自己。其实，一个人要想战胜自己，最重要的就是调整好心态，控制好情绪，这样一来就能理性调节自己的心态，也让自己在成长中有更好的情绪表现和更强大的内心力量。真正的人生强者不但有着强大的力量，而且有着超强的自控力。当一个人能够驾驭自己，他们就可以在人生道路上畅行，也可以在遇到各种突发情况时能及时调整思路，做出正确的决断。当然，这里所说的自我调控，不但意味着要调整好自己的情绪，而且意味着要通过自控来掌控辩论现场的各种情况。这样一来，就能把控全局，让辩论释放出巨大的能量，变得更加精彩和引人注意。

第四，要自信，构建良好的心理感觉。在正式的辩论场合，良好的心理感觉才能支撑强大的气场，这是每个人在面对辩论时必须具备的心理素质，也是不可缺少的成功要素。很多真正经历过辩论的孩子都知道，辩论场上的自我

感觉往往会影响人的辩论状态。如果孩子的自我感觉良好,就会激发出最大的潜能,让自己在辩论中有出乎意料的表现。而如果孩子的情绪消沉低落,在辩论的时候就会因为思维倦怠而导致反应速度变慢,这时面对对方的咄咄逼人,就会方寸大乱无法进行及时有效的反驳和攻击。要想调整自己达到最好的情绪状态,就要消除内心的顾虑,放下一切的压力和心理包袱。有时候很多辩论选手已经上场了,却还在担心自己没有把辩论用的文字稿背诵下来,为此紧张担忧,这样就无法把辩论对手的话完全听到耳朵里,当然也就不可能做出正确的反应。也有的辩论选手对于输赢过分关注,只想要赢得辩论比赛,为此而显得急功近利,不管是思考问题还是表达自己的观点,都显得急躁,这样就很容易暴露破绽,导致自己在辩论中变得思维混乱,陷入被动。一个真正优秀的辩论选手,会做到忘我,把所有的精神和意志力都投注于辩论之中。这样一来,他们就会呈现出一个全新的自我,甚至让自己都感到非常惊讶和难以置信。

除了这些心理上的准备之外,还有很多的心理技巧可以使用。在辩论过程中,并没有特定的原则和技巧是必须使用的。除了放之四海而皆准的这些战术和策略之外,还可以根据辩论的实际情况随机应变,这样才能让自己占据主动,立于不败之地。

先发制人

在辩论开始之初,如果能够做到先发制人,给对方一个下马威,则能够强大自己的气势,让对方感到心虚。有了好的开始,接下来要想获得成功就变得容易多了。早在古代战场上,很多骁勇善战的军事家就主张先发制人,从而尽量避免受制于人。辩论虽然不是真刀真枪地博弈,但也是一场没有硝烟的战争,为此也需要讲究战略战术。

当然,先发制人的使用是有条件的,即作为辩论者必须对自己所要提出的观点已经思考成熟,而且为应对对方的反驳进行了充分准备。否则,如果一上来就把自己的观点扔出去,而在被对方反驳的时候却哑口无言,则一定会让自己陷入被动。这就像是在战场上想要占据制高点一样,并非想一想就能做到的,而是需要实力。古人云,不鸣则已,一鸣惊人。这正是对于先发制人的具体要求。

先发制人未必都是在辩论一开始的时候用,也可以根据辩论的推进情况,在适宜的时候使用。这对于促进辩论的进展有很大作用,而且恰到好处地抢占了先机,占据了有利的辩论形势,让辩论的成功率大大提高。

最近,学校里要举行辩论比赛,小雷将和其他几个同学作为一班的代表,和二班之间展开激烈的论辩。这是小雷和同学们第一次参加辩论比赛,所以,虽然得到了老师的指导,也进行了充分的准备,但小雷还是觉得心里没底。比

赛的日子越是临近，小雷越是紧张。有一天清晨起床复习辩论材料的时候，小雷突然脑中一片空白，压根不知道自己应该说什么。看到小雷这么紧张无助的样子，妈妈忍不住笑起来，对小雷说："你是不是对自己缺乏信心？"小雷点点头。妈妈说："这很简单。你可以假装自己很强大，也相信自己很强大，然后在辩论的时候先发制人，这样就会给对方造成你们很自信的假象。"听到妈妈这么说，小雷表示很怀疑："真的吗？"妈妈说："当然，既然你没有更好的方法，何不试试我的方法呢。"

后来，小雷和几个同学一起进行了商讨，他们一致认为装作自信的样子吓唬吓唬对手也是好的。为此，他们在辩论比赛开始入场的时候，就表现出一副胸有成竹的样子。后来在辩论开始后，只需始终保持主动进攻的态势，言辞犀利，不时地把对方逼入语言的死角。例如，作为第一辩的同学，居然没有进行任何铺垫，而是反其道而行之，直接抛出论点，进行论证。这样一来，对方阵脚大乱，因为他们原本准备的第一辩根本无法应对这样的情况。看着对方辩手磕磕巴巴地仓促应战，小雷心中大喜。随后，他带领队员们乘胜追击，最终获胜。

先发制人还有一个显而易见的好处，就是能够为自己这一方造势。在辩论场上，是否有真才实学对于辩论结果会产生重要的影响。此外，是否具有强大的气势，对于辩论也影响巨大。曾经有心理学家指出，人的情绪会影响行为。反过来，人的行为也会影响情绪。为此，当心情不好的时候，可以假装高兴，装着装着情绪就真的会变得好起来，这样一来，整个人的状态看上去就不同了。以先发制人的方式为自己造势，给自己一方加油鼓劲，结果也许就会出人意料。在上面的事例中，小雷的表现就很好地证实了这一点。

当然，先发制人是要有实力作为资本的。尤其是在辩论一开始就选择先发制人的情况下，更需要有强大的实力，才能真正镇住对方。由此可见，先发制人可以在辩论一开始时进行，也可以在辩论过程中抓住合适的时机进行，一切都要以追求效果为最终目的。

设置圈套

从本质上而言,辩论就是语言上的博弈和斗争,为此辩论具有很强的对抗性。参与辩论的双方平日里也许是朋友,是亲人,但是一旦开始辩论,就总是希望自己能够说服对方,也希望自己能够获胜。然而,辩论除了需要有口才作为支撑之外,也离不开各种技巧和策略。其中,设置圈套就是辩论中的一个策略。如果能够提前把圈套设置好,让辩论对手误入圈套,那么辩论获得成功的概率就会大大增加。

当然,参加辩论的人都是非常精明且才思敏捷的,为此设置圈套一定要提前布局,且不着痕迹,这样才能削弱对方的警惕心理,让对方在毫无防范的情况下走入圈套。否则,如果等到事到临头再设置圈套,就会导致辩论对手产生警惕心理,自然就会小心防范,而不会误入圈套。为此,设置圈套宁早勿迟,而且要用心巧妙,不着痕迹。从观赏的角度而言,如果辩论只剩下唇枪舌剑,观赏性就会大大降低。在平淡的背景下,如果圈套能够发挥重要的作用,就会让辩论的过程迂回曲折,精彩无限,也使辩论的观赏性大大增强。

作为辩论者,在设置圈套的时候一定要沉得住气。不要因为看到自己的圈套已经设置好,就得意忘形,这样就会导致前功尽弃。有些辩论者急功近利,只想第一时间就与辩论对象一决高下,他们是没有耐心去精心设置圈套的。由此可见,设置圈套并非简单容易的事情,圈套的设置者要很了解辩论对

第十一章 巧言善辩篇：
辩论不是争论，要讲究技巧与方法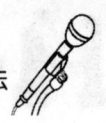

手的思维习惯，这样才能抓住对方的思维短板，使对方主动进入圈套，无法为自己辩驳。

华盛顿有一匹高头大马。这匹马看起来非常强壮，特别俊美，为此很多见识过这匹马的人都对它念念不忘，恨不得将其据为己有。有一天，华盛顿去喂马的时候，突然发现马不见了，想起最近这段时间以来，邻居的行为很可疑，为此华盛顿先没有声张，而是偷偷观察情况。在确定自己的马就在邻居的马厩里之后，华盛顿才找来警察一起去拜访邻居。但是，即使罪证就在眼前，邻居也不愿意承认这匹马是属于华盛顿的，而坚持说这匹马原本就是自己的。

趁着邻居不注意，华盛顿捂住马的眼睛，问邻居："你说马是你的，那么你要证明。你现在告诉我，这匹马的哪只眼睛瞎掉了？"邻居被难住了。仓促之间把马偷回来，他还没有来得及仔细看一看马呢。为此，他思忖片刻，回答："左眼。"华盛顿大声说："你的回答是错的，不是左眼。"邻居着急了，马上不假思索地说："右眼。"华盛顿忍不住哈哈大笑起来，说："还是错的。"就在邻居刚刚说出"两只眼睛都不瞎"时，在一旁的警察忍不住训斥道："好啦，如果这匹马是你的，你会不知道马的眼睛根本就不瞎吗？"说完，警察转向华盛顿，说："华盛顿先生，请您把马牵走吧，以后可要小心防范，别再把马弄丢了。"就这样，华盛顿用一个突如其来的问题给邻居设置了一个圈套，成功地揭穿了邻居的真面目。

华盛顿的问题带有一定的诱导性，所以不明真相的邻居才会受到错误的引导，先是说马的左眼是瞎的，后来又改口说马的右眼是瞎的，最后才说马的眼睛不瞎。可惜的是，在他颠三倒四的回答中，警察已经做出了判断，知道马的两只眼睛都不瞎。这个问题的巧妙之处就在于，邻居不管如何回答都是错误的。所以在做出错误的回答之后，邻居才会这么惊慌失措，导致表现更加

混乱。

在古代，有一个县官也曾经以设置圈套的方法办案。一天，有两个农妇一起拉扯着一个婴儿，谁也不愿意撒手。来到了县官面前时，她们还在争辩婴儿是自己的。眼看着婴儿啼哭不止，县官居然荒唐断案，宣布："谁能把婴儿抢到自己的怀抱里，婴儿就是谁的。"这个时候，其中一个农妇得到县官的支持，开始肆无忌惮地抢夺婴儿，而另一个农妇则哭着选择了放手。这个时候，那个抢到婴儿的农妇扬扬得意，觉得自己可以拥有婴儿了。而县官却对她说："你不是婴儿的母亲，那个放手的人才是婴儿真正的母亲。"原来，县官设置了一个圈套，让她们争夺婴儿，在这个过程中，县官把母亲对于孩子的爱看得清清楚楚。一位真正合格的母亲宁愿失去自己的孩子，也不愿意伤害孩子，她更愿意把所有的痛苦都自己一个人默默承受。

生活中，圈套无处不在，尤其是在辩论过程中。独具匠心的圈套往往会给人带来喜出望外的惊喜。为此，孩子们在辩论中也可以使用圈套，进行精心设计，来获得辩论的成功。

欲擒故纵

在辩论中运用欲擒故纵的策略时，看起来是在辩论中失策，而实际上却是在辩论过程中运用的一种非常巧妙的先承后转的技巧。这样会让原本平淡的辩论变得迂回曲折，更加精彩和引人入胜。

辩论中运用欲擒故纵的技巧，尤其适用于应对那些实力比较强的对手。因为一纵，就会让那些充满自信的对手沾沾自喜，也由此使精神变得懈怠，失去警惕心理。在这种情况下，辩论者就可以乘虚而入，出其不意，攻其不备，结果自然也值得期待和憧憬。需要注意的是，在纵的过程中，要故意露出破绽，从而让对方看到破绽后欣喜若狂，这样对方才会失去理智，做出冲动的事情。这就像是一根弦，此前一直紧绷着，而这个时候却突然被松开一样，起到的效果是很让人惊讶的。但是，这个技巧只是在辩论前期的表现，之所以要用到这个技巧，是因为重头戏并不在纵上，而是在擒上。只有纵得好，才能擒得住。这两者之间的关系必须用心揣摩和体会，才能洞察其间的奥妙。

很多喜欢下象棋的人都知道一个道理，为了在象棋比赛中获胜，那些国际级的象棋大师往往会用"开局让棋法"，让对手放松警惕和戒备。在这个时候，他们再发动突然袭击，稳、准、狠地对对方展开攻击，此时对方一定会应接不暇，只能把主动权再交还回去。不得不说，这是高手过招，看的人也会感到惊心动魄。

1972年的春天,尼克松总统在接受邀请对苏联的访问后,又去访问了德黑兰。因为在德黑兰的行程安排非常短暂,所以在尼克松总统到达德黑兰的当晚,当时的伊朗首相胡伟达就邀请随着尼克松总统一起来访问的基辛格观看舞蹈表演。进行舞蹈表演的帕莎舞姿非常优美,让基辛格看得目不转睛。在帕莎表演结束后,基辛格还与她进行了亲切交谈。这一切,都被美国《纽约时报》的记者佛尔克兰看在眼里。

次日,尼克松总统乘坐专机离开,基辛格也在专机上,同行的还有佛尔克兰。佛尔克兰抓住这个机会问基辛格:"您觉得昨天的舞女帕莎漂亮吗?"基辛格当然知道佛尔克兰不怀好意,为此假装漫不经心地回答:"当然,非常漂亮,而且很关注外交。"看到基辛格没有识破自己的阴谋,佛尔克兰高兴不已,当即得寸进尺,继续追问:"您真的这么以为吗?"基辛格点点头,说:"当然,千真万确。我和她一起讨论了外交问题,而且还说到了限制战略武器的会谈。遗憾的是,对于有些专业术语,她根本听不懂,为此我不得不花费了很长的时间告诉她如何做才能把最新款的导弹安装到潜水艇上进行发射。"听到这里,记者才知道是自己自作聪明,反而被基辛格捉弄了。原来,关于最新款的导弹正是他最想了解的事情,但是他几次询问基辛格都被搪塞,而如今基辛格却和一名舞女探讨这个问题,也就是在明目张胆地嘲讽他作为记者的无能了。

在这个事例中,记者先以一个不怀好意的问题向基辛格抛出"橄榄枝",基辛格当即就猜到了记者的用意,却没有揭穿,而是顺着记者的思路,给出了记者想要的回答。这样一来,记者就更加得意忘形。在这种情况下,基辛格再以委婉的方式暗讽记者的采访能力还不如舞女,从而给了记者沉重的

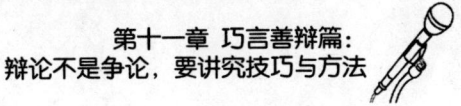

打击。

使用欲擒故纵的方法,一定要牢记"纵"不是最终的目的,"擒"才是。为此,要不忘初心。孩子们在使用欲擒故纵的方法时,肯定不会一上来就能娴熟运用,这时就应该循序渐进,点滴积累,相信慢慢就会取得很大的进步。

第十二章

当众演讲篇：
你一定可以让自己的青春变成脱口秀场

在小学阶段，孩子们就会开始接触演讲。为此，要想提升孩子的口才，就要关注孩子的演讲，有的放矢地提升孩子的演讲水平和相关方面的能力。这样一来，孩子就能在演讲过程中有更好的表现。任何事情的成功都不可能一蹴而就，孩子语言能力的提升更是要循序渐进，点滴积累，也要付出持之以恒的努力。当青春变成脱口秀场，这样的人生就酷炫至极了！

第十二章 当众演讲篇：
你一定可以让自己的青春变成脱口秀场

把握演讲的细节艺术

很多人都认为演讲就是当众讲话，其实不然。更确切地说，演讲实际上是同时说服很多人的一项浩大工程。面对台下性格迥异、各怀目的的听众们，要想获得演讲成功，赢得观众由衷的赞美和掌声，就尤其需要注重演讲的细节。

虽然演讲过程中的主要表达方式是说话，激情澎湃地说话，热情洋溢地说话。从表面上看，为了实现说服的目的，往往是需要演讲者竭尽所能地罗列各种事实，把自己的观点推销给他人。但是从细节方面来看，决定演讲成败的绝不仅仅是口才。在演讲中，需要注意的细节有很多，只有尽量做到事无巨细，演讲才能事半功倍。

第一，演讲者要穿着得体的服装。根据演讲的主题和听众的群体类别，可以穿着不同的服装，从而营造相对应的服饰效果。例如，爱国志士进行爱国演讲，最好穿中山装，因为西装是舶来品，而中山装则是中国的传统正装。孩子们进行演讲的时候，如果主办方对于着装方面没有特别的要求，那么穿着干净整齐即可；如果主办方为了着装统一，以达到更好的舞台效果，那么就要按照主办方的要求准备服装。总而言之，着装要符合实际的需要，也要符合演讲者的年纪、身份等要求。

第二，上台演讲时要保持均匀的步速。走路时速度过快，会给人留下毛

躁、不稳重的印象；速度过慢，会让听众等得心急。只有恰到好处的步速，才能让演讲者在上台时给台下的听众留下良好的印象，也为成功演讲打下基础。需要注意的是，在上台过程中，除了步速之外，还要保持昂首挺胸，面带微笑，也可以适时与听众进行眼神交流，从而起到热场的作用。在走到演讲台上之后，一定不要忘记首先要向听众鞠躬，这会给听众留下讲礼貌的良好印象，也有助于推动演讲成功。

第三，既然走到了台上，不可能鞠躬之后就立马开始演讲，而是会有片刻的停顿，或者进行自我介绍，或者对于所要演讲的题目进行简单介绍，在此过程中，始终陪伴着演讲者的是优美的站姿。有些演讲者因为紧张，会两脚并拢站在演讲台上，殊不知，两脚并拢起来站立并不是最稳当的姿势，而是会给人一种头重脚轻的感觉。为了让自己站得更稳，也为了给听众良好的视觉感受，演讲者应该把两脚分开，以丁字形站立，从而使得身体重心放在直立的双腿上。这样一来，既显得自然又不呆板，而且站立很稳。需要注意的是，两脚分开的距离不要超过肩膀的宽度，而且在站立好之后也不要频繁地移动重心，否则会给人留下摇晃的轻浮印象。很多演讲者在站上讲台之后，会第一时间检查麦克风是否能正常使用。记住，此时切勿用嘴巴对着麦克风吹气，否则会给听众带来很糟糕的印象。如果发现麦克风不能正常使用，可以让工作人员帮忙，而不要自己拍打麦克风。有的时候，因为身体原因，在演讲进行中也有可能出现咳嗽、打喷嚏等突发情况，这时要及时避开麦克风，用随身带着的纸巾或者手绢遮掩口鼻。其实，身体微恙是可以理解的，但是如果不懂礼貌，就会让人反感。为此，站立在演讲台前，不管发生怎样的情况，都要保持有礼貌，不卑不亢，这样才能在没有正式开口演讲之前，就给听众留下好印象。

第四，孩子们在开始演讲之前，一定要和台下的听众打招呼，既然是打招呼就要有称呼：如果是在学校里演讲，可以"尊敬的老师和各位同学们"为称呼；如果是家庭聚会，可以说"亲朋好友们，各位来宾们"；如

果是面对长辈,还可以称谓作为开头,诸如"叔叔阿姨们"。总而言之,不管以怎样的称呼来和听众们打招呼,前提都是要尊重听众。除了在演讲开始之初和听众打招呼之外,在演讲过程中,当需要加深感情表达力度的时候,或者话锋一转需要提醒大家注意的时候,再或者需要与听众互动的时候,都可以随时加上称呼。但是,称呼不宜过多,因为太多的称呼未免有迎合听众的嫌疑。而作为演讲者一定要不卑不亢,这样才能让演讲的效果达到最好。

第五,演讲过程中的面部表情和肢体动作。在演讲进行到高潮的时候,演讲者的情绪会更加饱满,也会更加富有激情和热情。在这种情况下,演讲者或者会因为感情驱使而做出一些手部动作,也有可能是预先设计好的动作。此外,随着抑扬顿挫、慷慨陈词,演讲者的面部表情也会发生变化。这些或者可以提前设计好,或者可以在演讲过程中根据情绪的需要临时决定如何做。有些演讲者因为内心太过激动,还会情不自禁地走来走去。那么需要注意的是,此时不要走动太过频繁,否则就会无形中把听众的吸引力转移到演讲者的脚步上,也会导致听众无法专注演讲内容本身。此外,如果演讲场地不适合走动,切勿勉强走动,否则不但会有摔倒的危险,还会破坏演讲效果。对于演讲的孩子而言,也要遵从内心的指引和感情的烘托,这样才能做出恰到好处的动作。

总而言之,一场成功的演讲有很多细节,绝非只有上述这些内容。孩子们在进行演讲之前,要提前做好上述细节性的准备工作。这样在演讲的过程中也可以临场发挥,从而根据演讲进展和自身的情绪状态进行随机的发挥。最好的演讲,就是发挥孩子的口才,展现孩子丰富多彩的内心世界,从而打动每一位听众,也带动每一位听众的情绪。

演讲要能够打动人心

演讲最终极的目的就是要打动人心，说服听众，让听众愿意接受演讲者的思想和感情。然而，说服一个人很难。那么如何才能说服台下那么多的听众，从而让演讲真正获得成功呢？人是感情动物，理性的说理固然能够让人知晓很多道理，但是唯有感情才能真正地打动人心。为此，要想让演讲大获成功，就要以感情动人，也要掌握打动人心的方式和技巧。

看到这里，一定有人误以为演讲就是要煽情，其实不然。适度煽情或许能起到很好的作用，然而过度煽情就会导致事与愿违。任何时候，朴素无华都是最根本的动人之道。所以作为演讲者，先不要急于以技巧去煽情，而是要能够以自身的真情实感去感动他人。

有很多演讲者兀自在台上讲着，对于台下的听众却丝毫不了解。作为演讲者，演讲的对象是听众，要打动的人也是听众，唯有真正地了解听众，才能把话说到听众心里去。否则，孩子们演讲成功的概率就会像是瞎猫撞上死耗子一样低。

作为一名不折不扣的学霸，艾玛不想成为书呆子。在勤奋学习之余，她得知学校里要举行演讲比赛，当即踊跃报名参加。得知平日里只知道闷头学习的艾玛要参加演讲比赛，同学们都感到很惊奇。

演讲比赛那天，轮到艾玛上场了。只见准备充分的艾玛从容地走上演讲台，先是对着台下的老师和同学们深深地鞠了一躬，接着用手扶了扶黑框眼

第十二章 当众演讲篇：
你一定可以让自己的青春变成脱口秀场

镜，最后才从容不迫地说："以往，我的名字比我更多地出现在大家的面前，是因为每次张贴成绩，我都会在第一个。然而，我不希望大家对于我的印象仅限于此，眼看着六年的小学生涯即将结束，我必须来到大家面前露个脸，让大家知道，哦，原来那个稳居第一的女孩看起来也很普通，而且说起话来还有些风趣幽默呢！带着这样的心愿，我才鼓起勇气参加演讲比赛，希望大家能够给我以热烈的掌声富于我勇气！（此处停顿有掌声）今天，我演讲的题目是……"

听完艾玛的开场白，大家都感受到了艾玛的真诚，为此全都慷慨地给予了艾玛热烈的掌声。

这简单的一分钟演讲，让大家都感受到了艾玛的真诚，给予了艾玛热烈的掌声。艾玛眼眶微微湿润，她期待着自己能够早日找到心上人，开始一段轰轰烈烈的恋情。

艾玛的自我介绍之所以能打动人心，就是因为她说出来的话言辞恳切，没有任何虚伪矫饰，真实地表达了自己的心声。实际上，很多时候最打动人心的不是技巧，也不是激情，而是那份最平实普通的表达。就像情人节一样，最感人的不是年轻情侣的炫耀，而是那些已经执子之手半生的老人们，依然手牵着手走过夕阳红。

每个人都希望自己的演讲能够起到最佳的效果，那么就要从现实出发，以真实的事情和感受作为演讲的基础，而不要说些虚头巴脑的话，更不要说高深莫测的话。据说古代有个诗人被赞誉为平民诗人，就是因为他每次写诗之后，都要把诗句读给从未读过书的妻子听。直到妻子能听懂他的诗句，他才踏实。在妻子对于他的诗句表示听不懂的时候，他就会反复修改。可见，演讲者也要接地气，更要根据听众的理解水平来决定以怎样的语言进行演讲。只有以适宜的语言在演讲者和听众之间架设起真诚沟通的桥梁，演讲才会真正获得成功，使得彼此之间有感情的共鸣和思想的交流，也有不可替代的心心相印。

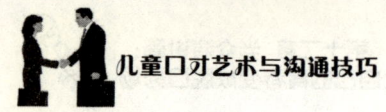

面对故意刁难者,要保持理性,巧妙回击

在通常情况下,演讲是演讲者的独角戏,即由演讲者一直负责演讲,而听众则只负责认真用心倾听,以各种方式给予演讲者微妙的回应。而还有一种演讲更类似于新闻发布会,演讲者在演讲的过程中会被提问,也有可能在演讲之后会被提问。有些提问者是善意的,针对自己听不懂的地方提出问题,希望得到演讲者的回答或者解释。而有些提问者则怀有恶意,是故意刁难。在这种情况下,演讲者往往是毫无防备的,未免会感到紧张和尴尬。那么作为演讲者,除了要做好演讲的必要准备之外,还要积累更多的材料,对各种提问进行一定的预想,这样一来在被提问的时候就能更加从容应对,做到回答圆满,滴水不漏。

尤其是作为公众人物,更容易在当众发言的时候被提问。虽然他们身经百战,但是面对不怀好意的提问者和突发事件,还是常常措手不及。实际上,应对提问的能力要想得到提升,就要在日常生活中不断练习,也要多多反思自己的演讲有没有明显的漏洞或者不足之处,从而减少被别有用心人抓住把柄的概率。

有一次,伟大的诗人马雅可夫斯基进行公开演讲。正当他投入于演讲,而且情绪激动的时候,台下突然有个听众喊道:"你说的是什么狗屁不通的玩意儿?简直让人一头雾水,这样的演讲不如不听。我怀疑你自己也不知道自己在

第十二章 当众演讲篇：你一定可以让自己的青春变成脱口秀场

说些什么，你还是赶紧滚下去吧！"这样怀有恶意的攻击，让作为演讲者的马雅可夫斯基感到十分生气。为此，他马上对对方展开反驳："你说的很对，我也不知道自己在说些什么。不过，对于你这样的听众而言，我是否知道自己在说什么无关紧要，你也不会对我产生任何影响。"马雅可夫斯基的这番话说得很重，意思就是在嘲讽对方很无知，也指明了对方是在故意捣乱。

果然，这位别有用心的听众并没有因此而有所收敛，反而更加嚣张地喊道："你的诗不能感染我们，你的语言苍白无力，也不能让我们燃烧。"马雅可夫斯基忍不住笑起来，说："我的诗不是火焰，无法燃烧所有人；也不是瘟疫，不能传染所有人。但是我相信那些与我心灵相通的读者，一定会知道我诗句的含义，也愿意与我同呼吸，共命运！"这样机智风趣的回答终于让那位别有用心的听众偃旗息鼓，灰溜溜地离开了会场。很快，会场恢复了秩序，马雅可夫斯基又开始全情投入地演讲了。

对于演讲中那些故意刁难、心怀叵测的听众，如果对他们置之不理，他们一定会变本加厉，导致演讲无法正常进行下去。为此，作为演讲者，必须给予这些捣乱者以严重的警告和有力的回击。这样一来，就能让捣乱者对自己的行为有所收敛。而对于那些并非出于恶意的提问者，演讲者则要给予他们足够的尊重，也要耐心解答他们的提问。人与人之间的相处总是相互的。所以，只有尊重才能赢得尊重，只有平等才能换回平等。

孩子的情绪往往很容易冲动，而且因为缺乏人生经验，导致他们在面对很多突发情况时难免会惊慌失措。实际上，越是在紧急情况下越是要保持镇定和理智，这样才能避免自乱阵脚，才能够保持理性思考，从而做出有力还击。否则，一旦情绪激动，就会方寸大乱，不但无法反驳，还会让自己出丑，那么真正尴尬的就是演讲者自己。为此，孩子们一定要有良好的心理素质，也要有强大的心理力量，这样才能在演讲过程中从容不迫、意气风发。

让幽默为演讲增加魅力

有人说,幽默是智慧的最高表现形式之一。的确如此,中国人对于幽默的重视程度还没有那么高。但在西方国家,尤其是在美国,很多年轻人在寻找人生伴侣的时候,都把幽默视为不可或缺的一种品质和能力。由此可见,美国人是多么喜欢幽默,所以他们才那么乐观和快乐。

那么,如果把幽默运用到演讲中,将会产生怎样的效果呢?很多演讲者绞尽脑汁为演讲增加色彩和魅力,却不知道幽默是演讲真正的魅力所在。当演讲者把幽默运用得恰到好处,则幽默就会变成演讲过程中熠熠闪光的珍珠,让演讲瞬间变得有趣,也会因此而赢得听众的认可,给听众留下好印象,进而给听众带来心灵的震撼。

幽默是人际沟通的润滑剂。对于原本尴尬的局面,一旦将幽默的技巧使用得当,就可以消除尴尬,活跃气氛。在人际交往中,幽默也是一门艺术。幽默并不是与生俱来的能力,而是要在后天成长的过程中不断地积累知识,丰富人生经验,才能做到思路开阔、灵活。幽默就像是生命中的阳光,给人们带来温暖,也让人与人之间的关系变得和谐融洽。在演讲中使用幽默,会让原本紧张的倾听变得轻松起来,也会最大限度地吸引听众的注意力,让听众情不自禁地沉浸在演讲中。由此可见,幽默对演讲既可以是锦上添花,也可以是雪中送炭,甚至在很大程度上决定了演讲的成败。

第十二章 当众演讲篇：
你一定可以让自己的青春变成脱口秀场

初一开学，来自各个小学的同学们齐聚一堂，共同进入了崭新的学习阶段。第一天报到，班主任老师和语文老师都过来和同学们见面了，唯独数学老师还没有露面。为此同学们全都窃窃私语，纷纷猜测数学老师是个怎样的人。

次日开学，第一节课就是数学课，同学们都很紧张，内心也充满期待。上课铃声响起，一个满脸络腮胡的中年男性走进教室。只见他步伐矫健，皮肤白皙，眼睛里带着笑意。他站到讲台上，对同学们说："大家好，我叫张琦，负责教数学。"说着，张琦老师还转过身，把自己的名字写在了黑板上。他边写边对同学们说："张琦，就是长得奇怪的意思，看看吧，我的胡须都长到脸颊上了。"听到这句话，原本紧张的气氛马上烟消云散，同学们全都哈哈大笑起来。也就在这一刻，大多数同学都记住了这个如同从古书中走出来的美男子一样的张琦老师。

从小学升入初中，大多数孩子都会感到紧张，因为学校换了，老师换了，而且绝大多数同学也都换了。为此，他们很期待和憧憬看到新老师，从而判断新老师是否好相处，是否友善。没有孩子想遇到特别严厉的老师，他们只想与老师们能和睦相处，开始一段愉快的学习生活。为此，事例中的张琦老师在以幽默的方式对同学们进行自我介绍之后，他与同学们之间的坚冰马上消融，距离快速缩短，也由此开启了师生之间良好的相处模式。

在演讲的过程中，孩子们如果能够使用幽默的方式来调节气氛，就能马上缩短自己作为演讲者与听众之间的距离，也能成功吸引听众的关注，从而使得演讲顺利进行下去。当然，也要把幽默和开玩笑区别开来，尤其不要以低俗的玩笑伤害他人，更不要把自己的快乐建立在他人的痛苦之上。幽默充满智慧，具备更高的精神境界。大作家王蒙曾经说过，幽默具有极强的穿透力，是

健康的、积极的、向上的，能让人如沐春风。幽默具有强大的力量，能够给人以知识的启迪，以热情或冷峻的方式，揭示事物的本质和真相。当孩子具备足够的智慧，就能够把幽默发挥到极致，进而让自己的语言充满魅力，征服他人于无形。

画龙点睛，推动演讲进入高潮

很多孩子在写作文的时候，都被要求使用画龙点睛的手法。这是因为画龙点睛能够让一篇平淡无奇的文章瞬间出彩，也可以再次升华和强调文章的主题，使得文章变得完整、圆满，让文章达到一个新的高度。其实，不仅写作文时需要画龙点睛，演讲要想起到最佳的效果，也需要画龙点睛，这样才能让整个演讲变得更加紧凑，震撼人心。

很多孩子的演讲听起来平淡无奇，让人听完之后没有任何想法，感情毫无波澜，不得不说这样的演讲是非常失败的，因为它没有引起听众的感情共鸣，也没有起到感染听众的效果。究其原因，就是演讲内容和语言平铺直叙，没有进行任何有效的铺垫，更没有任何高潮可言。真正成功的演讲，就像是名山大川，既有山谷，也有重峦叠嶂的山峰；就像是浩瀚无边的大海，既有波谷，也有波峰，还会出现后浪推前浪的壮观景色。一切的美其实都来自变化，这些变化有静止的，也有动态的。在演讲过程中，演讲者必须赋予内容和语言以变化，这样演讲才能跌宕起伏，引人入胜。然而，所谓的变化并不只在于声调或者是表情和动作，而是在演讲内容上也要有精心巧妙的设置，这样一来，才能使各方面配合真正起到画龙点睛的作用，也才能顺利地推动演讲进入高潮。

那么，如何做才能真正起到画龙点睛的作用呢？有没有什么技巧可以使用呢？其实，很多常用的修辞手法如果在演讲中被恰到好处地运用，那么都能起到画龙点睛的作用。诸如排比、反问等修辞手法。演讲中合理使用规模宏大的排比句很容易就能营造出声势浩大的效果。反问句相比起陈述句或者是一般的疑问句，有更强烈的感情色彩。为此在演讲的过程中，如果觉得力度不够，就可以使用这些修辞手法来加强语气，升华感情。除了上述这些技巧之外，惊叹句也可起到赞美的效果，还可以把同一句感情强烈的话进行重复。而在演讲的时候通过语气、语调等把重复的话进行递进，这样一来就会起到震撼人心的作用。

总之，一篇文章要有重点，也要有高潮，一次演讲同样要和文章一样具备这些关键的要素。很多孩子都喜欢看动画片，或者是电视剧、电影，那么就会知道每一集动画片或者电视剧、每一部电影都会有至少一个大的高潮，其间还会有无数小的高潮作为铺垫。同样，演讲也需要不断有高潮。当演讲高潮迭起，听的人自然会大呼过瘾，也会使注意力高度集中。如果能达到这样的效果，那么演讲就成功了。

平素内向沉默的李娜，这次鼓起勇气报名参加演讲比赛，最大的心愿就是能够获得好名次，为班级争光，也给自己的脸上贴金，最重要的是让更多的同学认识到不一样的她。为此，在演讲比赛之前，她进行了充分的准备。

这次的演讲比赛的主题是成长，李娜自己撰写了演讲稿，觉得没有气势，还让当编辑的妈妈帮助她修改润色了。果然，等到李娜上台，一开口就让听众们心潮澎湃：

同学们，我们长大了。从一年级背着书包的小豆包，到现在有很多同学都比妈妈更高，也已经与爸爸比肩……

同学们，我们长大了。从懵懂无知的孩子，到现在掌握了知识，也在丰富多彩的校园生活中得到历练和成长……

同学们，我们长大了。很快，正在就读六年级的我们就将告别这生活了六年的校园，这里的一草一木都与我们非常熟悉，都对我们依依不舍……

同学们，我们长大了……

什么叫首语重复呢？就是在每段话的开头以同样的语言作为开始。首语重复也是在演讲中用重复语言以加深感情、推动演讲高潮的一种方式。和接连说出两个相同的句子相比，首语重复带给人的震撼力更强。此外，首语重复和排比也不同。排比是把类似结构的话按照顺序说出来，而首语重复则是每一段话都用相同的开头，如此把这一连串的话说出来，会给人带来深深的听觉震撼，犹如排山倒海般把演讲推向真正的高潮。

在演讲的时候，要想让演讲有更好的效果，孩子们就要学习各种演讲方法和技巧，也要在演讲过程中多用心琢磨，从而发挥语言的魅力，让演讲变得更加跌宕起伏、激情澎湃，以达到深深震撼和感染听众的效果。

第十三章

激情朗诵篇：
激情朗诵，让语言提升你的魅力

最近，央视推出的《朗读者》栏目很受欢迎，该栏目邀请一些知名人士来朗读各种书信。朗读的人全情投入，倾听的人全神贯注，他们都被感动得热泪盈眶。和演讲的慷慨激昂相比，朗读更注重的是投入感情，打动人心，也因为朗读不是必须脱稿，不必担心忘词，所以朗读者能够更加全身心地投入所朗读的内容之中，真正做到感情充沛，动人于声。

第十三章 激情朗诵篇：
激情朗诵，让语言提升你的魅力

未雨绸缪，才能手到擒来

虽然朗读是把文字读出来，不需要记忆，但是朗读的难度并不因此就比背诵或者演讲低。要想声情并茂地朗读，在平日里就要更加注重多多积累，做好知识和感情的双重准备，这样在朗读的时候才能以倾注着感情的语言腔调打动他人，也才能有朝一日充满自信地站在舞台上，以声音气贯长虹，撼动宇宙。

很多孩子都不擅长朗读。每当看到其他同学拿起一篇文章就能声情并茂地朗读时，他们往往羡慕不已，梦想着自己有一天也能和那些同学一样把纸张上的文字和力透纸背的作者之心完全呈现出来。然而，要想做到这一点真的很不容易。

对于孩子们而言，朗读当然是一项很有益的活动。孩子们通过朗读熟悉课文内容，在反复诵读的过程中锻炼口才，而且还能在当众朗读时增强勇气，建立信心。然而，台上一分钟，台下十年功。从表面上看，出类拔萃的孩子在台上朗读只用了三五分钟的时间，而实际上在台下他们为了把简短的文字读好，不知道付出了多少时间和努力。虽然没有十年之久，但是朗读的反复练习花费的时间并不比写一篇文章更短。对于写文章，人们常常以呕心沥血之作来形容，而对于朗读，很多人的理解都有失偏颇，觉得朗读很容易、很轻松，也压根不重要。不得不说，这么想的人一定不是真的了解朗读，更不知道朗读的

魅力。

尽管真正上台只有短暂的时间,但在上台之前,孩子们也必须花很长时间来做准备。首先,要通过日常学习和生活积累材料,丰富人生体验,这样才能在看到一些文章的时候感同身受,顺利调动起自身的感情。其次,在上台之前,更要做全面准备,例如为自己挑选合适的服装,进行得体的打扮,同时还要保证嗓子干脆清亮。为了在台上有更好的表现,更要一遍又一遍地反复诵读,加上自己的感情、神情、肢体动作等。最后,要想朗读出彩,还必须为自己选择一篇合适的作品。文字是朗读的基础,只有文字出彩,朗读才会更出彩。而面对着一篇并不适合朗读的作品,就像新闻发言稿一样客观冷静理性,朗读者即使水平再高,也无法完全发挥出来。为此,一个真正优秀的朗读者,必须具备甄选作品的能力,通过好的作品来凸显自己高超的朗读水平。

班里正在学习一篇课文,是朱自清的作品《背影》。这篇文章充满了温情,写的是父亲的背影,为此老师决定借此机会展开朗读比赛,一则是让孩子们深入体会朱自清对父亲的感情,二则是为了提升孩子们的朗读水平。

老师把每四个同学划分为一个小组,让他们先进行初步筛选,推举一个代表参加班级里的朗读比赛。很快,各个小组的成员就达成一致,推举出了11个小组代表。接下来,就要在班级范围内进行比赛,这11个人里只有一个人能夺冠,可以说竞争还是很残酷的。雨欣排在第8个出场,其实,对于雨欣而言,这样的出场顺序很有利,因为她很善于学习。第6个出场的同学表现特别精彩,为此老师和同学们给予了她热烈的掌声,老师还特意点评该同学的动作加得很好,和其他同学如同小木棍一样站在那里演讲相比,有动作的朗诵显得更有温度,也更打动人心。雨欣很有危机感,觉得自己凭着实力未必能够取胜。突然,她灵机一动想到:"既然老师说她做得好,我为何不吸纳她的优点呢!我知道她的优点而且学来了,但是她却不知道我的优点,这样我获胜的机会就大大增强。"就这样,雨欣临时抱佛脚,也模仿那位同学加了几个动作。果然,雨欣在朗诵的时候表现非常出色,甚至有同学在欣赏完雨欣的演讲后,直接说冠军已经诞生了。

在这个事例中,雨欣非常机灵,在看到对手的强劲之后没有慌张,而是灵机一动学习对方的优点,从而使得自己的朗诵水平更上一层楼。真正优秀的朗诵,绝不是兴之所至就能完成的,而是要更加积极主动地提升艺术修养,规范语言习惯,这样才能做好朗诵的细节,也让朗读能声情并茂。

在朗诵之前,还要坚持进行形体训练。有的人站在那里蔫头耷脑,毫无气场,而有的人站在那里则腰杆挺直、气宇轩昂,一看就让人觉得气势不凡。

在这个世界上,从未有一蹴而就的成功,哪怕是微小的成功,也需要我们付出长久的努力和坚持,更要从一点一滴的细节处着手争取努力把事情做到最好。为此,孩子们不要觉得朗诵是简单的事情。要知道越是简单的事情想要做得无懈可击就越是困难,为此一定要坚持努力,不懈争取,这样才能取得长足的进步。

熟读且深入了解要朗诵的作品

前文说过，选择一篇适宜朗读的作品，是朗读成功的基础。遗憾的是，在现实的学习过程中，很多孩子都是匆忙间就选定朗读作品，而在朗读之前只知道文章的形和声，并没有深入了解和吃透文章的内涵。这就导致在朗读过程中出现硬伤，或者是读音错误，或者是断句不正确。有时还会出现内伤，即对于文章内容和意思只知其一不知其二，因而使得倾注在朗读中的感情不到位。一旦在朗读中出现硬伤或者内伤，即使朗读之前做再多的准备，站姿再挺拔，声音再嘹亮，感情再充沛，也依然不能称为合格的朗读或者优秀的朗读。那么，如何才能在朗读过程中避免硬伤和内伤的出现呢？

当朗读者不能吃透作品，就像是战士上战场没带枪一样，根本不可能有绝佳的表现。为此，要想让朗读声情并茂，就要把准备朗读的作品读得深入透彻，对于作品的每一个字都能做到正确朗读，对于作品中蕴含的感情也有透彻了解。还有些朗读者非常认真，会了解作者创作作品时的时代背景，从而对作品吃得更透，读得更熟。如果能够把自己想象成作者，感受作者创作时的所思所想、所感，则朗诵就会有更加强烈的情感表达和呈现力度。

前段时间浙江卫视的《我就是演员》热播，明显可以感受到演员真不是一个简单轻松的职业，也并非大多数人所想的那样装一装演一演就能凭着漂亮脸蛋或者英俊相貌出名。真正优秀的演员，必须与角色合二为一，为角色而生，为角色而嬉笑怒骂，沉沦或者崛起。记得在一部古装戏的片段中，因为演员们准备的时间很短暂，为此没有吃透剧本，对于故事发生的时代背景也不了解，所以表演效果就显得半生不熟，让人看了有点尴尬。由此可见，不管是演戏还是朗诵，都是台上一分钟，台下十年功。因而一定不要对于朗诵怀有轻视之心，而是要更加尊重作品，更加用心地揣摩作者，这样才能真正做到以语言表情达意，以声音力透纸背。

学校里要举行朗诵比赛，老师先是在班级里进行初步筛选，选拔出三个同学之后，又开始重点辅导他们，希望他们能够代表班级在学校的演讲比赛中获得好名次，为班级争光。因为关系到班级的荣誉，所以杜江同学决定重新选定朗诵的作品。在班级比赛中，他朗诵的是冰心的作品《小桔灯》，不过他觉得《小桔灯》过于温情，不容易有跌宕起伏的情绪，为此他决定朗诵岳飞的《满江红》。因为他觉得岳飞在《满江红》中表现出来的英雄气概很符合自己的男子汉形象。

每天放学，杜江回到家里都会进行数次练习。渐渐地，他的朗诵越来越有力度。眼看着距离学校的演讲比赛只有三天了，老师腾出一节班会课的时间，让三位同学轮流上台进行朗诵预演，一则是为了给他们排练的机会，增强他们的胆量，二则也是为了让同学们集思广益，给他们指出不足，促使他们进步。

杜江最后一个上台。只见他意气风发，朗诵的时候声若洪钟，真的就像是一个大英雄一样。朗诵结束，同学们给予了杜江热烈的掌声，这个时候老师对杜江说："朝天'阙'的阙是第四声，不是第一声。你刚才读的是第一声，如果在正式比赛时犯这样的错误，是不可能获得名次的。"在老师的提醒下，杜江满脸通红。老师语重心长地说："杜江，要想朗诵出彩，只做表面功夫是远远不够的，必须把基本功打牢，吃透作品，这样才会有真正突出的表现。"

杜江连连点头。回到家里，他不但把《满江红》中拿不准读音的字都查了字典，而且还查阅了大量关于《满江红》的资料，还了解了岳飞的生平事迹。在三天的时间里，杜江取得了突飞猛进的进步，后来真正登台参加学校的朗诵比赛时，他吐字清晰，纳息均匀，感情充沛，在朗诵到最后的时候居然掉下了"英雄泪"。杜江最终获得了第二名的好成绩。

要想把一部作品朗诵出效果，最重要的就是深入了解作品。这样一来，才能把作品理解得更透彻，也才能知道作者在创作作品时，想要表达的思想和感情。孩子们的人生经验匮乏，为此在读到很多作品时难以引起情感的共鸣，越是如此，孩子们越是要深入体察作品的内涵。每一部作品都是作者思想和感情的载体，只有了解作者的创作背景、心理活动、创作初衷等，才能把作品读熟读透，也才能在朗诵过程中感情充沛，充分表达作品蕴含的思想。

当然，孩子并非生来就具备深刻的理解力。在引导孩子不断成长的过程中，父母要激发孩子对于阅读的喜爱，也可以想方设法来提升孩子的文学鉴赏力，从而让孩子在朗诵作品的时候更加用心动情。那么，熟读吃透要朗诵的作品，具体要做到哪几点呢？首先，要全面了解作品中的生僻字和词语的含义，知道作品中每一句话所要表达的感情。字、词、句是作品的基础，就像万丈高楼平地起，必须有砖瓦和水泥一样。只有把基础打牢，才能让后续的工作进展更加顺利。其次，要把握作品的整体风格。作品根据不同的题材、作者的思想感情，会呈现出不同的风格。为此，朗读者也要因为题材、风格的不同而有差异地诵读，这样才能对于不同的作品有所区别。在此基础上，才能把握住作品的灵魂，洞察作品的主旨。最后，要了解作品的整体构架。如果说了解作品的基础知识是为了进行铺垫，那么在此基础上把握作品的整体构架，则是对于整部作品的升华。任何一部作品都是一个整体，不可能将其割裂来看，而是要将其作为一个息息相关的整体，从而对其进行全方位把控，最大限度呈现出作品

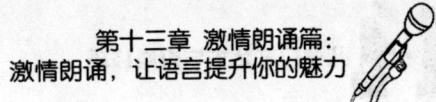

的美感。

  当然，在深入了解作品的时候，因为作者是作品的创造者和缔造者，所以对于作者进行全方面了解也是不可或缺的。每个作者在创作作品的时候都有背景，或者是因为时代的因素促使，也或者是因为内心的感情起伏所致，还有可能是因为突如其来的感情和感触。每个作者创作的初衷各不相同，一定要重点把握住作者的真实想法，这样才能走入作者的灵魂深处，与作者产生心灵的交融与碰撞，进而更准确地理解作品想要表达的感情和思想。

巧妙运用表情和肢体动作增加渲染力

在朗诵过程中，如果仅依靠语言的力量去表现作品，那是远远不够的。明智的人还会巧妙利用表情和肢体动作来增加渲染力，让朗诵更出彩。从这个意义上来说，优秀的朗诵不但有优美的声音来表达丰富的感情，而且还有恰到好处的面部表情和顺势而发的肢体动作。只有具备这几个基本要素，使其相互配合，才能让朗诵起到最佳的效果。

看到这里，也许有些孩子会感到困惑：朗诵不就是靠着嘴巴发声吗？为何现在又要讲究表情和动作了呢？的确如此。朗诵主要以语言为载体进行，但是表情和动作同样不可缺少。曾经有心理学家经过研究发现，大多数人在进行沟通的过程中，口头语言只起到一定的作用，而表达时的神情和动作也是至关重要的。尤其是在朗诵中语言的表现力不足的时候，恰到好处的表情和动作，就可以起到增强表达效果，甚至带动听众情绪的作用。

当然，要想让面部表情和肢体动作起到辅助朗诵的作用，还需要花费一番心思。和肢体动作相比，面部表情非常微妙，会随着情绪的推进而不断地产生，过程更加倾向于顺其自然。但是肢体动作则不然。肢体动作往往是有意识地做出来的，为此在进行肢体表达的时候，孩子要精心设计，还可以参考老师、同学和父母的意见，看看自己的动作加在朗诵的某个环节是否显得突兀，是否自然、顺畅，是否能对感情表达起到积极的推动作用。只有把动作做得恰

第十三章 激情朗诵篇：
激情朗诵，让语言提升你的魅力

到好处，才能让朗诵进展得更顺利。

虽然出生在京剧世家，但是梅兰芳小时候拜师学艺，并不被老师看好，老师甚至说梅兰芳不是唱京剧的苗子。原来，梅兰芳从小体弱多病，而且眼睛近视，导致眼神呆滞，没有光彩，一旦见风还会流泪。被老师断言不适合从事京剧表演，这让从小耳濡目染对京剧非常喜爱的梅兰芳忧愁不已。他原本还立志成为京剧名家呢，这下子连京剧的门都入不了，又该怎么办呢！后来，梅兰芳听人说养鸽子能够让眼神更敏锐和灵活，他当即就买了很多鸽子养着。一开始，因为眼神不够灵活，梅兰芳只能放养几对鸽子。随着锻炼，他的眼神越来越灵活，养了更多的鸽子。为了防止鸽子飞得太高，找不到回家的路，他还用针线把鸽子的翅膀缝合起来。这样一来，鸽子只能在家附近徘徊，也就可以顺利回家。等到鸽子认清楚回家的路，他再把鸽子的翅膀拆开，让鸽子可以飞上天空。

最初开始驯养鸽子的时候，梅兰芳在一根竹竿上绑上红绸，指挥鸽子飞翔或者降落。在此过程中，他的眼睛必须紧紧盯着鸽子。每天清晨五六点钟，梅兰芳就起床开始清扫鸽子窝，训导鸽子飞翔。看着飞上天的鸽子越来越远，越来越小，梅兰芳的眼力也变得越来越好。等到再次去拜师学艺的时候，他已经能够做到眼神流转、顾盼生姿了。从此之后，梅兰芳开始用心刻苦地学习京剧，最终成为一代名家。他登台表演时，眼睛总是炯炯有神，哪怕观众坐在剧院最后排，也能感受到他目光的注视，被他深深吸引，欣赏京剧更加用心投入。此外，长期放养鸽子，举着竹竿指挥鸽子，让梅兰芳的体力也有所增强。他在表演很多需要动作的京剧时，总是干脆利落，不管是挥舞红绸还是舞剑，都能做到力道十足，气定神闲。

作为一名京剧表演大师，只有一副好嗓子是远远不够的，还要眼睛有神、

动作到位。梅兰芳正是因为面面俱到,所以才能在京剧表演方面取得巨大的成就。孩子们在朗诵的时候,虽然不需要像京剧表演那样高标准严要求,但是如果能眼神灵活、动作准确到位,就会有更好的效果。

当然,朗诵还是以声音为主,要用语言来表达情绪情感,发挥语言的力量,让语言更有力度,才能够表达出作品中丰富的情感和深刻的内涵。朗诵不但可以帮助孩子提升阅读能力,加深对作品的了解,还可以提升孩子对于文学作品的鉴赏能力,让孩子在倾情朗诵的过程中感受作者的情怀,体会到和作者相似的情绪感受。当孩子的朗读能力提升,他们的沟通能力也会水涨船高,必然能够成为交际高手。

区分轻重读音和巧妙停顿

善于朗诵的同学,在朗诵过程中总是能够做到抑扬顿挫,而且在该停顿的时候会做到留白,在该顺畅朗读的时候就激情澎湃,一气呵成。然而,这样的轻读和重读,这样的巧妙停顿,对于孩子而言并不容易做到,必须建立在读透作品,也了解作者思想和感情的基础上。由此可见,成功地朗诵一部作品必须先做好基础的准备工作,才能让朗诵顺利进行,进而随心所欲地表达充沛的感情。

很多孩子在进行朗诵的准备工作时,总是对于朗诵不以为然,觉得所谓朗诵就是把作品读出来。的确,把作品读出来只要识字和准确发声就能做到,但是如果想把作品读得声情并茂,而且能把作品的精髓和灵魂呈现出来,就需要深厚的功底了。任何时候,都不要觉得作品只是文字的罗列和堆砌,而是要了解作者在写下这些文字时内心的所思所想、所感,这样才能走入作者的内心深处,真正与作者的思想相融合,相碰撞。

很多熟悉绘画的人都知道,中国水墨画最富有意境,这是因为水墨画讲究留白。如果把水墨画画得密不透风,那么就没有意境可言。同样的道理,在朗诵的过程中,也需要留白,这样才能让朗诵适当停顿,有轻有重,也才能起到最好的效果。那么,轻重停顿应该如何界定呢?

首先,在了解作品的基础上,要弄清楚自己想要表达的重点。很多时候,

一句话因为朗读时候的声音轻重不同,就会起到截然不同的表达效果。根据想要表达的重点,要适时调整轻重音,这样才能更好地表达。

其次,对于一部作品的朗诵,一定要尊重作者。每位作者在呕心沥血写作一篇文章的时候,一定会有自己的思想和感情倾注其中。虽然朗诵是对作品的二次加工,但是也要忠于作者,透彻领悟作者想要表达的强烈感情,这样才能让朗诵起到最好的作用和效果。

再次,从语法的角度而言,一句话的特定部分是需要加重语气来读的。例如一句话的谓语部分、名词前的定语部分、形容词或者动词前的状语部分等,都需要重读。不过如果句子本身比较长,有很多复杂的成分,就无须每个部分都重读,而是要根据句子的意思进行取舍,综合其他因素来衡量。

最后,朗诵过程中何时停顿、何时连贯,这更需要朗诵者对作品进行整体把握。适时停顿,对于所有的朗诵都至关重要。在朗诵过程中遇到标点符号的时候,当然要进行停顿,除了这些理所当然需要的停顿之外,还要针对作品的意思进行停顿,这是朗诵的艺术。停顿可以让听众有时间进行思考,也可以对于作品中的重点内容起到强调的作用,还可以让朗诵者在说出一番饱含感情的话之后喘息一下。总而言之,恰到好处的停顿好处多多,作用多多。真正高明的朗诵者,一定要适时停顿,为自己的朗诵加分。

第十三章 激情朗诵篇：
激情朗诵，让语言提升你的魅力

丰富的想象力让朗诵激情澎湃

孩子们的想象力非常丰富，在三到五岁之间，天生的想象力达到巅峰状态，为此很多孩子都会出现无法区分想象和现实的情况。而随着学习的不断推进，孩子对于很多自然现象有了更理性的认知，人生经验也变得丰富，为此他们的想象力受到知识和经验的局限，渐渐地呈现出下降的趋势。当然，这只是天生的想象力呈现出的发展趋势，对于孩子们而言，想象力一方面是天生的，另一方面也可以通过后天的培养养成。父母要从小培养和保护孩子的想象力，这样孩子才能更加善于想象。很多人觉得想象力无关紧要，尊重事实才是最重要的，实际上对于孩子而言，想象力至关重要。孩子学习需要想象力，绘画需要想象力，写作文需要想象力，阅读也需要想象力。只有具有丰富的想象力，孩子们在学习和生活中才会感受更多的形象画面，也才会见识到超越现实的精彩。

很多父母和老师都会发现一个奇怪的现象，即有些孩子天生擅长写作文，总是能把一件事情写得生动无比，各种细节都使读到的人犹如身临其境；而有些孩子天生不擅长写作文，总是只用一句话就概括一篇作文。不得不说，这就是差距。而造成这种差距的大多数原因是想象力的丰富或匮乏。想象力不仅会对孩子写作文造成影响，也会影响孩子在朗诵过程中的表现。

想象力丰富的孩子在朗诵过程中，因为已经做好充分的准备，对于作者很了解，对作品也已读懂读透，为此他们仿佛看到了作者描述的景象正在以

画卷的方式在自己眼前展开，犹如身临其境，自然会更加全身心投入于朗诵中，也会让朗诵产生更好的效果。与此恰恰相反，想象力匮乏的孩子，在朗诵过程中只能看到干巴巴的文字，只是把这些文字诵读出来，有些许的感情却不饱满，能做到形式上的抑扬顿挫却缺乏力量。这样一来，朗诵效果自然会大打折扣。

在炎热的夏天，想象力是一缕清风使人感到神清气爽；在寒冷的冬天，想象力是温暖的火炉给人带来温暖……想象力的作用很多，在各种各样的情境中都可以起到变幻的作用，满足人们不同的心理需求和感情需要。有想象力的人是不折不扣的富翁，因为他们可以随心所欲地去想象，也可以见山不是山，见水不是水。在中国历史上，有高山流水的典故，说的是俞伯牙善于鼓琴，而钟子期总是能听懂俞伯牙的琴声中所蕴含的意思。这是因为他们有着相似的想象，能以音乐作为媒介做到心灵相通。

想象力丰富的孩子，内心世界是很精彩的。他们感情细腻，内心敏感，总是能够更加深刻地感受作品。看着文字出现在眼前，他们有更多的领悟。相比起他们，那些想象力匮乏的孩子则只能看到文字，无法理解文字所蕴含的深意。如果说朗诵是声音的色彩，是我们的心灵随着抑扬顿挫的节奏在歌唱，那么想象就是我们心底里的清泉，能够滋养我们干涸的心田。为了让朗诵表达出充沛的感情和强大的精神，我们一定要调动起想象力，这样才能让作品更加富有美感，也更加具有力量。

灵活问答篇：
有问有答，沟通也需要礼尚往来

在阐述了沟通的诸多技巧和方式，以及朗诵、演讲的语言表达技巧和方式后，在本章，我们还需要把沟通落实到最实际的问答上。问答，是日常生活中人们利用语言进行沟通的最基本方式。在问答的过程中，必须讲究礼尚往来，才能有问有答，也才能让沟通顺利进行。

第十四章 灵活问答篇：
有问有答，沟通也需要礼尚往来

提问之前，先设计好问题

如果是日常闲谈，就会随意很多，可以心之所至，随心所欲地提出问题。尤其是在和关系要好的人进行沟通的时候，因为彼此了解，心意相通，更是可以无所顾忌，让语言如同清泉一样从心底汩汩流出，不会有任何的压力。如果是和陌生人沟通，也可以说些家常话，或者根据对方的喜好说些对方愿意听的话。这是闲谈。如果是有目的的交谈，例如孩子们作为小记者去采访某位重要人物，那么就要在采访之前进行充分的准备，提前设计好问题。

在为访谈设计问题时，一方面要考虑到对方的脾气秉性和感兴趣的话题，另一方面要考虑到采访的目的，对于重点问题一定不能遗漏，否则就无法完成采访任务。当然，访谈毕竟是两个人之间进行交谈，尽管可以先设计好重要的问题，却不能保证整个访谈的话题顺序都会按照预先的计划进行。这是因为在互动和沟通的过程中总是会有一些突发情况，那么就要随机应变，才能妥善解答和处理。这就要求孩子们要有深厚的知识功底，也要有临场应变的能力，这样才能让沟通更加顺畅地进行。

升入五年级，数学学习的难度大大提升，所以很多原本学习成绩还不错的孩子们，此时在数学学习上也遇到了很多困难。罗飞就是其中之一。这不，才上完数学课，罗飞就发现自己有知识点没有掌握，导致做题很困难。利用

儿童口才艺术与沟通技巧

午休时间，罗飞拿着习题去请教数学老师："老师，我这道题不会做，您可以给我讲一讲吗？"老师虽然很困倦，想要午休，但还是耐心地给罗飞讲解了这道题。

罗飞会做这道题了，因而拿着题离开。老师才刚刚趴在桌子上休息了十分钟，罗飞又来了："老师，这道题我也不会做，您能再给我讲讲吗？"老师刚要睡着，只得强提精神再次给罗飞讲题。罗飞听懂了，心满意足地离开了。然而，半个小时之后，他又回来了。这一次，老师实在忍不住对罗飞说："罗飞同学，你能一次性把问题都问完吗？你看，老师本来可以午休的，但是你来了三次，把老师的午休计划都打乱了。下次，你可以把问题集中起来，一次性问老师，这样讲解的效果也更好，好吗？"罗飞点点头，赶紧向老师表达谢意和歉意后离开了。

在日常学习和生活中，孩子们要经常与人沟通，也会与他人之间进行问答。为了提升问答的效率，最好把问题先整理好，争取一次性都问清楚，这样才能减少双方的麻烦。当然，这是求教式的提问，所以要点在于整理问题，提升提问效率。如果是在沟通过程中提问，则要适时提问。具体而言，首先，当对方发言的时候，不要为了提问而打断对方，而是要根据对方表达的节奏，在对方停止说话的时候发出提问。这样一来可以作为对对方的回应，二来也可以让问题提出得恰到好处。其次，提问要讲究方式方法，最好不要咄咄逼人，而是可以请教，或者建议，这样的方式更容易被对方所接纳，也有助于维护彼此之间良好的人际关系。

提问的时候，还需要衡量问题是否有资格成为问题。很多孩子依赖性很强，一旦遇到不懂的问题就马上问他人。不得不说，这样不假思索就提问的习惯，只会让孩子的脑筋疏于转动，慢慢地思维变得越来越懒惰。积极思考的孩子会先对问题进行深入思考，也许最终不能完全解决问题，但是至少可以锻炼自己的思维能力。脑子越用越灵活。孩子正处于学习的关键时期，更是应该勤奋地思考和学习，让自己获得长足的进步和发展。而不要总是懒惰懈怠，这样就无法推动智力提升，也会导致自己在学习中落后。此外，父母也需要多多引导孩子进行思考。在现实生活中，很多父母一旦看到孩子在学习上遇到难题，为了节省时间，总是把答案直接告诉孩子，殊不知这不是在帮助孩子，而是害了孩子，这样根本不利于促进孩子的思维发展。当孩子在提问的时候，是真正带着问题说出心中的困惑，而不仅仅是把难题讲出来，这样对于孩子而言就是莫大的进步，因为问题总是思考的结果，而难题却往往是懒惰的产物。

提问题，要讲究时机

提问，不但要讲究方式方法，还要讲究时机。很多孩子都缺乏察言观色的能力，又因为常常以自我为中心，所以对于提问时机的把握往往很差，总是在不合时宜的时候提出问题，如此不但得不到回答，而且还会惹人生厌。为了改变这种情况，父母要引导孩子在正确的时机下提问。例如，不要因为提问打断他人说话，不要因为提问影响他人完成手中正在进行的事情，也不要过早提问，导致自己没有得到充足的启示从而使得思考遭遇阻碍。只有把握合适的时机提问，才能让问题的提出更有深度，也才能得到他人热诚耐心的解答，可谓一举数得。

今天的第一节课，是语文老师上公开课。在讲课过程中，对于老师渗透的百科知识，刘勇颇有异议，因为他觉得老师提到的一个百科知识点是错误的。为此，他当即激动地举起手。看到刘勇热切的样子，老师立刻让刘勇发言。老师原本以为刘勇会给出精彩的回答，没想到刘勇却对自己提出了质疑。老师觉得很尴尬，因而对刘勇说："这个问题咱们等到课后再讨论，现在先来解决课堂上的问题。"刘勇感受到老师的态度，当即提醒老师："老师，您说过欢迎我们提出疑问的啊！"老师说："课堂时间有限，等到课后，老师和你一起探讨这个问题，好吗？"就这样，刘勇只好坐下来，不过在最后的半节课里，

第十四章 灵活问答篇：
有问有答，沟通也需要礼尚往来

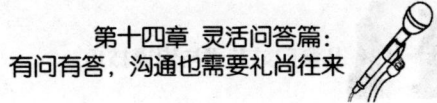

老师再也没有给刘勇机会回答问题。

在这个事例中，刘勇积极提出疑问的态度是值得赞许的。不过，他并没有选择合适的时机。老师正在给很多人上公开课，为此课堂节奏安排得很紧凑，而且有很多观摩老师都在看着，刘勇的质疑也使老师感到很难堪。正是因为如此，老师才对刘勇的质疑态度冷漠。假如刘勇能够换一个时机，等到公开课结束后私下和老师提问，相信老师一定会愿意解答刘勇的质疑，也会赞许刘勇积极探索的精神。由此可见，提问题首先要选对时间，这样才能在正确的时间提出正确的问题，也才能得到他人积极的回答。

其次，在保证时机正确的基础上，要敢于提问。所谓理不辩不明，人非圣贤，孰能无过。每个人都有可能遇到不明白的问题，也都有可能犯错，只有相互之间坦诚相见，说出各自的疑问和疑虑，才能有更好的沟通。

最后，在沟通过程中，要想让提问恰到好处，就一定要紧跟说话者的思路，切勿对说话者说的话一无所知，而擅自提出自己的问题，结果导致说话者觉得自己没有得到尊重，因此而感到愤怒。倾听，是一个人在沟通过程中表现出来的基本素质和涵养，只有善于倾听，才能正确收到他人传达的信息，也才能知道自己有哪些问题。由此可见，倾听是提问的前提和必要条件，只有善于倾听者，才能把问题提得最好。

总而言之，沟通就是互动的过程，除了陈述之外，更多地贯穿着提问和回答。我们既要做一个好的倾听者，也要善于提问，更要在必要的情况下认真解答他人的问题，这样才会成为受人欢迎的健谈者，也才能在沟通中有更好的表现。

讲究提问的方式：开放式提问、疑问、封闭式提问

提问的方式多种多样。有的问题隐含着答案，有的问题是开放式的，有的问题则本身就已经限制了答案，为此在提问的时候，一定要讲究方式方法，这样才能得到想要的回答。通常情况下，提问分为三种方式，一种是开放式提问。所谓开放式提问，顾名思义，答案是回答者可以随意回答的，范围很大，怎样回答都行。有一种提问方式是以疑问句进行，例如询问："你想吃草莓吗？"在通常情况下，这种疑问的回答限定于想或者不想、是或者否。如果能够将其改成开放式提问，问对方"你想吃什么水果"，则回答就会五花八门。当然，如果家里只有草莓，而没有其他的水果提供，还是很适合使用疑问句式提问的。除了开放式提问、疑问句提问之外，还有一种提问方式是在问题之中隐含着答案，那就是封闭式提问，也叫选择性提问。例如，询问："你吃苹果还是香蕉？"显而易见，这么问的人不希望回答者给出香蕉、苹果之外的选择，或者是因为他没有其他水果提供，或者是他只想用这两种水果招待客人，总而言之，回答者除了回答"苹果"或"香蕉"之外，别无选择。

对于这三种提问方式，都有不同的生活情境可以适用，为此它们各自都有大显身手的时候。当然，何时采取怎样的提问方式，是需要孩子自己去判断的。如果想要获得更大的信息量，就要采取开放式提问；如果想要把他人的回

第十四章 灵活问答篇：
有问有答，沟通也需要礼尚往来

答限定在是否或某种特定的选项之间，就可以采用疑问句或者封闭式提问。总而言之，每个人的脾气秉性不同，沟通的方式方法和目的性也不同。因此，父母要多多引导孩子以正确的方式提问，这样才能使沟通更加高效。

周末，爸爸妈妈带着汤米去一家海鲜餐厅就餐。落座之后，服务员拿着菜谱来给他们点餐，爸爸问服务员："今天的螃蟹新鲜吗？"服务员点点头，回答："非常新鲜，而且有很多的蟹黄。"爸爸顺理成章地点了螃蟹。轮到妈妈点菜了，妈妈问服务员："今天还有什么优质新鲜的海鲜推荐呢？"听到这个问题，服务员马上滔滔不绝、如数家珍般地说起来："今天，八爪鱼是鲜活的，现在还在游泳呢。还有泥螺，这可是现在最新鲜的食材，来一份醉泥螺，是每个客人都很喜欢的。此外还有超级大的武昌鱼，特级品质的海蜇头、海肠、海参等也很不错……"妈妈认真听完服务员的介绍后，说："给我们来份海参和泥螺吧，再来个八爪鱼蘸酱。"

看到爸爸妈妈点了这么多海鲜，汤米觉得自己不需要再点海鲜了。他还是最关心自己喜欢吃的冰激凌，于是赶紧问服务员："请问，你们有草莓味或者香草味的冰激凌吗？"服务员想了想，摇摇头后说："我们有柱果味道的冰激凌，你喜欢吃吗？"汤米失望地摇摇头说："那么，你们有原味的冰激凌吗？"服务员点点头。汤米说："那请给我来一份原味冰激凌吧。"很快，菜品就上齐了，一家三口高高兴兴地用餐，吃得很满意。

在这个事例中，爸爸采用了疑问句，由此可见爸爸最想吃的就是螃蟹。不过爸爸这样提问会有一个问题，那就是即使螃蟹不够新鲜，服务员也不会把真相说出来，毕竟都是开门做生意的，谁会说自家东西不好呢。和爸爸相比，妈妈的提问方式很聪明。妈妈采取开放式的提问方式，让服务员经过思考，把他认为新鲜的东西推荐出来，这样一来，服务员就会情不自禁地进行筛选，从

而推荐的东西都是他认为新鲜的。汤米呢，和爸爸想吃螃蟹的热切心情一样，他最想吃冰激凌，为此他对服务员进行了封闭式提问，给了服务员两个选项。幸好服务员够机灵，在告诉汤米没有他想要的特别口味的冰激凌之后，还告诉汤米可以选择杧果味冰激凌。在服务员的启发下，汤米没有坚持想要吃草莓或香草口味的冰激凌，而是退而求其次，选择吃原味冰激凌，也满足了自己的口腹之欲。总而言之，这次就餐的提问都是比较成功的，因为家里每个人都吃到了自己想吃的东西。

　　在日常生活中，每个人都需要与他人进行沟通，而在沟通过程中，最重要的表达方式之一就是问答。要想得到别人的回答，就要保证问题提出得恰到好处，也要采取适宜的方式进行提问。唯有如此，才能让沟通顺畅进行，也才能让一切事情都得到圆满的处理和解决。

第十四章 灵活问答篇：
有问有答，沟通也需要礼尚往来

不耻下问，才能虚心进取

古人云，三人行必有我师。这句话告诉我们三个人在一起走路，肯定有人在某些方面很突出，可以成为其他人的老师。由此可见，人人都有优势和特长，也都有自己的出色之处。为此，孩子们要想获得长足的进步和发展，就要学会谦虚，有不耻下问的精神，才能虚心进取，也才能保持进步的态势。但现代社会里有很多孩子对于提问都心怀抵触，他们总觉得自己是最棒的，为此盲目自信，根本听不进去任何人的意见和建议。这样一来，他们必然变得故步自封、自以为是，无法取得进步。

在人际沟通中，没有人愿意对着一个狂妄自大的家伙说话。孩子们要端正姿态，保持谦虚低调，这样才能在与人问答的过程中给人留下好印象，从而获得自己想要的回答。否则，如果总是自以为是，高高在上，不把别人放在眼里，那样难免会招人厌恶。在小学，很多孩子都读过《骄傲的大公鸡》这个故事，也知道骄傲使人退步，谦虚使人进步的道理。在现实生活中，更是要牢记这个道理，这样才能虚心进取，快速成长和进步。

作为一个很爱思考的孩子，乐迪总是有很多问题需要问。从小学到初中，他始终都是班级里最爱提问的那个孩子。当然，爱提问不代表乐迪聪明，有些同学在被乐迪求教后，不屑于为乐迪答疑解惑，还有的同学会嘲笑乐迪，这让

乐迪很伤心。

班主任看到乐迪失落的样子，也知道乐迪很爱思考和提问，为此语重心长地对乐迪说："乐迪，你爱提问这是一个很好的习惯，不过不是每个人都有耐心回答问题的。所以你可以请教他们，也可以自己去寻找问题的答案，例如可以去图书馆查阅相关资料等。这样一来，你就可以自己找到答案。坚持这样去做，你的知识储备量就会不断提升，你也会变得越来越有智慧，在学习上也会有更好的表现。此外，你在请教同学的时候，也可以采取一些技巧，例如夸赞他们知道得多，或者赞美他们学习成绩好，这样他们就会更愿意帮助你呢！"乐迪恍然大悟，在此后的日子里，他能自己解决的问题就尽量自己解决，遇到实在不会或者不懂的地方，就会向老师和同学们请教。即使对于某些方面不如自己的同学，只要对方在某些领域有优势，乐迪也会虚心请教他们。渐渐地，乐迪果然实力越来越强。

很多孩子都会犯自以为是的错误，就像那些不但不帮乐迪解答问题，还嘲笑讥讽乐迪的同学。而乐迪呢，虚心好学，虽然受到嘲讽很郁闷，但是从未放弃进步。后来，在老师的提醒下，乐迪不但向那些比自己强的同学求教，而且也会向不如自己的同学求教，并主动去图书馆查阅资料解开心中的疑惑。在多方面的努力之下，乐迪的进步越来越大，在学习上的表现也让人刮目相看。

和乐迪恰恰相反，有些孩子缺乏勇气，即使知道自己在很多方面都不懂，也不能做到不耻下问，而是会把不懂的地方都隐藏起来，自欺欺人。天长日久，导致问题越积越多，学习自然是越来越差。而只有鼓起勇气，敢于开口向他人求教和提问，才能尽快解开心中的疑问，从而让自己进步和提高。此外还有些孩子因为性格内向，导致沉默寡言。那么就要有意识地去改变自己的性格，让自己变得更加乐观开朗，这样才更有利于学习。俗话说，一回生，两回熟。当对于提问越来越轻车熟路，孩子们的成长也会事半功倍。现代社会，不再推崇个人英雄主义，随着社会分工越来越细致，各个行业之间的合作越来越密切，每个人都要拼尽全力，融入团队，进而获得进步。孩子从小就要养成分工合作的精神，把自己当作一颗螺丝钉对待，和同伴齐心协力地把每一件事情做到最好。既然是人与人打交道，一定离不开沟通，既然要共同进步和成长，也就一定离不开提问和请教。只有敞开心胸勇于提问的孩子，才能有更加出色的人生表现。

 儿童口才艺术与沟通技巧

设问巧妙，让沟通更精彩

汉语博大精深，有很多的修辞手法可以使用，来增强文字的表达效果。其实，修辞手法不但适用于写作，也同样适用于沟通和提问。在汉语中，有一种修辞方法是设问，即明知故问。换言之，就是明明知道答案却不直接说出来，而是先以提问的方式吸引他人的注意力，然后再自问自答，给出正确答案。在沟通过程中，设问可以引起他人注意，也可以有效地引导他人的思路跟着自己走。很多回答者看到对方在自问自答，往往会觉得暗自窃喜，甚至误以为这样就不用回答问题，其实不然。提问者之所以采取设问的方式沟通，就是因为他们想请君入瓮。为此，遇到设问的提问方式时，回答者就要更加小心留意，避免中了提问者的圈套。

反过来，作为提问者，如果想引导回答者按照自己的思路去回答问题，就可以采取设问的方式，对提问者进行有意的引导。通过设问的方式，还可以让沟通的节奏更加鲜明，更加曲折，也使沟通更加引人入胜。作为设问方，要巧妙设问，而作为回答者，面对设问一定要用心思考，谨慎回答。

周末，亮亮和妈妈一起去超市里采购。走到熟食区的时候，促销员赶紧拿着刚切好的烤鸭给亮亮品尝。等到亮亮吃了一小块烤鸭，促销员开始问亮亮："小朋友，好吃吗？"亮亮其实觉得烤鸭味道很一般，不过既然吃了人家的，总不能再说人家的东西不好吃吧，为此亮亮点点头。促销员借此机会赶紧

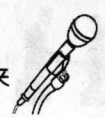

对妈妈说："小朋友很爱吃，可以买一些回家尝尝哦。"妈妈看着贪吃的亮亮，不好意思拒绝促销员的请求，只好买了半只烤鸭。

回家的路上，亮亮问妈妈："妈妈，那个促销的阿姨难道不知道她家的烤鸭好不好吃？"妈妈笑起来，说："怎么可能不知道呢，他们不但知道自家的烤鸭好吃，而且也相信每个吃了的人都会说他们的烤鸭好吃。"亮亮更纳闷了："既然如此，他们为何要把烤鸭免费给人品尝呢？还要问别人好不好吃。"妈妈说："这就是促销的手段啊！等到你吃了烤鸭，他就会问你烤鸭好不好吃，你吃了之后当然不能说不好吃，就只能回答说好吃。其实他们早就知道你的回答了，就等着你回答好吃之后邀请你购买烤鸭呢！"亮亮恍然大悟："原来如此，难怪他们会切开一块烤鸭给大家品尝呢！"妈妈笑了起来，说："这就是促销的技巧与艺术，你吃了之后当然不好意思不买，而且你还亲口说好吃了呢，对不对？那么，你还有什么理由不买呢？"

在现实生活中，设问虽然没有疑问那么频繁出现，但是也会经常出现，而且有很多适用的场合。在与人沟通的过程中，孩子们可以使用巧妙设问的方式，让沟通跌宕起伏，也可以产生更好的效果。

当然，设问并不那么容易使用，要想保证设问的效果，就要注意多方面的要素。例如，设问时提问的角度要更加新颖，要把握好问题的难易程度。要知道，有些问题很简单便于回答，而有些问题难度更大更能营造出良好的转折效果。需要注意的是，设问不要局限，而是应该打开思路，让内容更加丰富多彩。因为在提问过程中，设问并不是常见的提问方式，而是要起到锦上添花的作用，所以设问不要过于频繁，否则就会变得乏味，最终惹人生厌。所谓凡事皆有度，过度犹不及。因此，设问要适度，保持合适的频率，找到最佳的方式方法，这样才能达到最佳效果。

对于无法回答的问题,要学会反问

很多人都玩过踢皮球的游戏,知道当一个皮球来势汹汹的时候,最该做的事情就是当即把皮球踢回去,这样一则可以回避打击,二则还可以给对方猝不及防的回击,一举两得。其实,不仅皮球可以踢回去,在日常沟通中,有些问题也可以像皮球一样被踢回去的。举个简单的例子,面对别人的故意刁难或者别有用心的提问,如果不知道应该如何回答,就要把这个问题踢回去,如此才能保护自己,避免自己陷入尴尬之中。这就是修辞手法中常用的反问。反问带有强烈的感情色彩和语气,为此往往可以作为语言的撒手锏使用。

那么,何为反问呢?所谓反问,往往带有明显的特点,即以"难道"开头,也以否定的方式去阐述,结尾带有问号,这样一来,就可以表达肯定的意思。例如,难道你没有吃饭吗?言外之意就是,我认为你已经吃过饭了。难道我没有努力吗?言外之意就是我觉得自己已经非常努力了。在日常表达中,不要过于频繁使用感情强烈的反问句,否则会给他人带来糟糕的沟通体验。当沟通的气氛变得紧张时,会产生剑拔弩张的气氛,这时可以采取反问的方式表达,从而进行有力回击,把问题抛给对方。不得不说,反问是发言者从被动转变为主动的主要方式,也是发言者聪明才智的表现方式之一。

有一次,萧伯纳的《人与武器》戏剧正在上演。在一出戏剧演出结束后,

第十四章 灵活问答篇：
有问有答，沟通也需要礼尚往来

萧伯纳走上台向观众们致谢。这个时候，一个观众突然冲着萧伯纳喊道："萧伯纳，你的剧本糟糕透顶，在这里演出不觉得羞愧吗？"听到这话，其他观众都很紧张，因为对于一个大名鼎鼎的剧作家而言，这可是很严重的羞辱。没想到萧伯纳却不以为然地笑起来，回应那个挑衅的观众："的确，我很认可您的想法，也很理解您的感受，而且我和您一样也认为这出戏剧应该停止在舞台上演出。只可惜，我们俩势单力薄，难道仅凭我们俩的力量就能与这么多观众对抗吗？难道我们真的能够阻止这出戏剧继续上演吗？"

对于观众的挑衅，萧伯纳的反应出乎人们的预料，他先是肯定观众的话，接着又以接连两个反问句说出了自己的"无奈"，从而与前面所说的话形成强烈对比，起到了良好的效果。

反问有很多种方式，事例中萧伯纳所采取的反问方式就是机智幽默的，还有的人会用反问实现讽刺的效果，也有的人用反问来设置悬念，引人注意。总而言之，不管怎样，只要能把反问运用得恰到好处，就会大大增强表达的效果，而且可以在嬉笑怒骂中解决难题，避免发生激烈的正面冲突。

后记

就在今天早晨,爸爸接了从医院做完肠镜切除息肉手术的爷爷回到家里。和去年春节前的那场食道癌和肺癌合二为一的大手术相比,这次的切除息肉手术是微创,只在医院里过了两个夜晚就回家了,而且因为是微创,所以身体上没有让人触目惊心的伤口。看得出来,十二岁的乐乐很想表示对爷爷的关心,为此在全家人围绕在桌边吃午餐的时候,他小心翼翼地问:"割完了这次,爷爷不需要再割掉什么了吧?"向来就重视说话的奶奶马上不乐意了,对乐乐说:"乐乐,你还是吃饭吧。"乐乐莫名其妙,不知道自己说错了什么,为此很委屈。这个时候,妈妈对乐乐说:"乐乐,你是想关心爷爷,这些我们都知道,不过你能不能换一种表达方式呢!你可以说'爷爷这次手术之后身体就完全康复了吧,就都好了吧',你觉得,和你刚才的表达方式相比,哪种方式让人心里感到更舒服呢?"乐乐恍然大悟,这才知道自己因为不会说话惹了祸。他沉默不语,良久才对妈妈说:"妈妈,我知道了。"

很多父母都觉得孩子小,不会说话是正常的事情,而实际上等到孩子有朝一日真的长大了,再去学习如何说话就晚了。在如今的社会里,孩子们难免要与他人相处,自然就少不了沟通,为此,是否会沟通对孩子的成长至关重要。当孩子一张口就惹人生厌,他们当然无法感到快乐。反之,如果孩子一开

口就能得到他人的赞赏，受到他人的欢迎，那么他们当然会有更多的朋友，也会在成长过程中收获更多的快乐和满足。作为父母，一定要从小就用心培养孩子的语言表达能力，这样孩子才会更加游刃有余地运用语言，也才会让语言发挥出最好的作用和效果。

在不经意间，孩子已经长大了。从离开幼儿园进入小学阶段的学习开始，他们就要独自与同学老师相处。对于语言能力的掌握，不但关系到孩子能否把话说得好听，也关系到孩子生活学习的方方面面。在小学低年级阶段的语文学习上有一个重要的内容，就是写话。所谓写话，顾名思义就是让孩子把要说的话写出来，这是为孩子将来写作文打基础。为此，父母要未雨绸缪，从小就对孩子言传身教，为孩子示范正确的表达方式。很多父母和孩子说话总是随心所欲，这对于孩子的成长其实没有好处。只有以身示范，才能在潜移默化中教会孩子表达。当然，除此之外，父母还要为孩子营造充满爱与自由的环境，这样一来，孩子才能自由自在地成长，也才能充分发挥天性，更加愉快健康地成长！总而言之，孩子的成长除了自身需要加倍努力之外，也需要父母的支持和帮助。作为父母，任何时候都要尊重孩子，平等对待孩子，也要作为孩子最好的引导者，陪伴孩子努力向上，把话说好，成为处处受人欢迎的社交达人。当孩子能够灵活运用语言表情达意，与他人进行良好的沟通，那么他的未来就是可以预见的——必能幸福快乐地度过一生！